Myriam Durante
psicoterapeuta holística e hipnóloga

SEJA SEU TERAPEUTA
APRENDA A CONTROLAR SUA ANSIEDADE E VIVA MELHOR

ANSIEDADE

VOCÊ A CONTROLA OU É ELA QUE CONTROLA VOCÊ?

www.dvseditora.com.br
São Paulo, 2016

**SEJA SEU TERAPEUTA
APRENDA A CONTROLAR SUA ANSIEDADE E VIVA MELHOR**

ANSIEDADE

Copyright © 2016 DVS Editora Ltda.
Todos os direitos desta edição são reservados à DVS Editora Ltda.

Nenhuma parte deste livro poderá ser reproduzida, armazenada em sistema de recuperação, ou transmitida por qualquer meio, seja na forma eletrônica, mecânica, fotocopiada, gravada ou qualquer outra, sem a autorização por escrito do autor.

Capa, edição, revisão e design.
Stéphanie Durante

Diagramação e arte final.
Grasiela Gonzaga / Spazio Publicidade

Nota: muito cuidado e técnica foram empregados na edição deste livro. No entanto, podem ocorrer erros de digitação, impressão ou dúvida conceitual. Para qualquer uma dessas hipóteses, solicitamos a comunicação ao nosso serviço de atendimento através do e-mail: atendimento@dvseditora.com.br. Assim poderemos esclarecer sua dúvida ou encaminhar sua questão.

**Dados internacionais de catalogação na publicação (CIP)
(Câmara Brasileira do Livro, SP, Brasil)**

Durante, Myriam
Ansiedade : você controla ela ou ela controla você? / Myriam Durante. -- São Paulo : DVS Editora, 2016. -- (Seja seu terapeuta)

Inclui CD.

1. Ansiedade 2. Autoconhecimento 3. Relaxamento I. Título. II. Série.

16-03718   CDD-152.46

Índices para catálogo sistemático:
1. Ansiedade : Psicologia 152.46

"Entendendo o funcionamento da mente e se conhecendo, você é capaz de tudo o que imaginar. Este livro, feito com muito carinho, é um presente meu a você!"

Myriam Durante

"Os homens não são prisioneiros do destino, mas apenas prisioneiros de suas próprias mentes!"

Franklin Delano Roosevelt

SUMÁRIO

PREFÁCIO | A origem do livro *Ansiedade* 07

CAPÍTULO 1 | Minha vida 11

CAPÍTULO 2 | Conhecendo a ansiedade 19

CAPÍTULO 3 | Conheça os transtornos de ansiedade 35

CAPÍTULO 4 | Como é conviver com a ansiedade 43

CAPÍTULO 5 | Pare, reveja e mude 51

CAPÍTULO 6 | O método *Busque Autoconhecimento* 71

CAPÍTULO 7 | Conheça dez atitudes positivas que mudarão a sua vida 79

CAPÍTULO 8 | Acredite em você 105

CAPÍTULO 9 | Como usar o cd 115

AGRADECIMENTOS 118

CRÉDITOS DAS IMAGENS 119

PREFÁCIO
A ORIGEM DO LIVRO
ANSIEDADE

O LIVRO *ANSIEDADE*

O número de pessoas que sofrem de ansiedade sempre foi alto, mas devido às demandas do dia a dia e da rotina cada vez mais estressante, a maioria destas pessoas não está mais conseguindo administrar bem essa situação. Elas estão cada vez mais aceleradas, confusas, negativas, com o pavio extremamente curto e com a imunidade baixa.

Esse comportamento vem se tornando cada vez mais presente em todas as pessoas que eu atendo e não é algo tão recente, já tenho observado nos últimos dez anos. As pessoas realmente não estão se dando conta de que viver de maneira agitada, acelerada e ligada o tempo todo faz muito mal à saúde. Elas só percebem os efeitos negativos quando já estão muito mal, mas mesmo assim não conseguem associá-los à sua vida agitada, demorando para descobrir o real motivo.

Eu sinto que as pessoas estão vivendo cada vez mais no piloto automático. A cada dez pacientes que eu atendo, nove apresentam sintomas de ansiedade, mas isso não quer dizer que elas sofram de ansiedade patológica. Para esclarecer estas dúvidas, resolvi escrever este livro. É possível se livrar deste problema de uma maneira rápida e fácil, e eu te ensino como.

Este livro é um recurso maravilhoso. Através dos ensinamentos descritos aqui você vai conseguir reduzir sua ansiedade a níveis normais, voltar a respirar naturalmente, dormir a noite inteira e, melhor, acordar com disposição. Você não tem ideia de como essas coisas simples têm o poder de mudar sua vida.

Ter uma mente calma, conseguir pensar com clareza e saber como comandar o seu corpo são as principais maneiras de tomar as rédeas da sua vida e não deixar o medo controlá-la. As técnicas que apresento aqui e o texto do CD com o relaxamento que acompanha o livro vão te ajudar a realmente voltar a se encontrar, a ter uma vida normal e, o que é melhor, sem tomar remédios, da forma mais natural possível.

CAPÍTULO 1
MINHA VIDA

QUEM É MYRIAM DURANTE?

Meu pai era dentista e atendia por hipnose. Era um profundo conhecedor de astrologia e yoga, e tinha interesse por todos os assuntos ligados à espiritualidade. À noite, quando criança, ficava com medo de ficar sozinha no quarto e ia até o hall. Era lá que ficavam os livros do meu pai (e ele tinha uma vasta coleção relacionada à mente). Comecei a ler por curiosidade, mas, com o tempo, percebi que eles falavam sobre coisas que eu sentia, e passei a me identificar e me interessar sobre esses assuntos.

Quando criança, percebi que era sensitiva, o que me fez conviver de perto com fenômenos espirituais e paranormais. Buscando compreender o funcionamento da mente e o porquê de ter esses dons (que tanto me assustavam), comecei a pesquisar as diversas formas de espiritualidade, as diferentes religiões, a parapsicologia e a mente humana, minha grande paixão.

Tinha 15 anos quando fiz meu primeiro curso sobre a mente e descobri que já praticava, de forma autodidata, quase tudo aquilo que estava aprendendo. Isso me levou cada vez mais em busca de respostas e conhecimentos, aproveitando as oportunidades que apareciam para fazer novos cursos. Procurei ler, ver filmes, e não parei mais. Fiz cursos em escolas e com professores independentes, na área e em outras complementares. Através dessas experiências, percebi o funcionamento da mente, da memória, do inconsciente, etc. Descobri que ao conhecer as abordagens corretas, tudo se torna possível de ser corrigido.

Sou psicoterapeuta holística, hipnóloga e estudo espiritualidade e comportamento humano há mais de 30 anos. Também fundei o IPOM – Instituto de Pesquisa e Orientação da Mente, uma entidade destinada às pesquisas e estudos sobre o desenvolvimento da mente e de distúrbios ligados a essa área.

Hoje, lembrando tudo que passei, vejo que sempre estive em busca de compreender a verdade, percorrendo diversos caminhos de estudos para conduzir minha vida e a dos meus pacientes na difícil, porém incrivelmente satisfatória, jornada para o autoconhecimento.

Myriam (acima e ao lado) retoca a maquiagem para receber as equipes de reportagem dos canais de televisão Cultura e SBT, e também da Rádio Band News FM, em sua casa

A CRIAÇÃO DO MÉTODO "BUSQUE AUTOCONHECIMENTO"

Eu acredito muito no poder da somatização e na capacidade que temos em provocar nossas doenças. Quando eu não me sinto bem, não sei explicar como, mas sei exatamente onde está o problema, qual o órgão ou parte do corpo que foi afetada. No meio de 2002, comecei a perceber que minha barriga estava inchando muito. Procurei um ginecologista renomado, certa de que o problema era de origem ginecológico. Ele pediu que eu fizesse alguns exames e não identificou nenhuma anormalidade. Passei por mais quatro médicos diferentes, pois sentia que algo estava errado comigo, mas nenhum deles descobria o que era. Comecei a duvidar da minha intuição que até então nunca havia falhado. Até que, depois de quase cinco meses, um dos médicos descobriu que eu estava com um mioma. Precisei passar por uma cirurgia para retirar o útero e apresentei alguns problemas pós-operatórios. Fiquei quase seis meses de cama e, durante este tempo, tive depressão.

Eu trabalhava há muito tempo na área de comportamento humano, mas acreditava que o meu conhecimento era um dom e, como tal, não deveria ser cobrado. Por isso, trabalhava sempre de uma maneira informal, como voluntária. Tinha muita bagagem, mas não sabia como transformar o que aprendi nos cursos em uma profissão de verdade. A verdade é que não me sentia pronta.

Hoje vejo que precisava desse período de recuperação para pensar com calma e para perceber qual caminho deveria seguir. Foi a partir desse momento que decidi começar a atender. Percebi que, além de um dom, o meu sucesso profissional também era fruto de muitos estudos e dedicação. Conversei com o meu marido e minha filha, os únicos que senti obrigação de contar da minha intensão de transformar esse meu trabalho informal em uma profissão séria. E assim o fiz. Mas mesmo sabendo de todos os benefícios da hipnose e das outras técnicas que aplico, eu não conseguia os resultados que desejava. Meus pacientes iam cada vez melhor, mas eu não via os resultados que buscava em mim mesma. O grande problema era a coerência. Eu vivia uma situação muito difícil, que envolvia família e mágoas, e parecia impossível ver um fim. Como eu poderia falar para o meu paciente perdoar ou não guardar rancor se eu mesma não conseguia fazer isso? Eu não seria verdadeira.

Depois de anos de pesquisa, reuni tudo o que aprendi e criei uma nova abordagem terapêutica, a "Busque Autoconhecimento", que trabalha o autoconhecimento como instrumento de cura e possibilita ao paciente uma melhor qualidade de vida. Combinando diferentes técnicas (como hipnose, relaxamento, programação neurolinguística, radiestesia, regressão, entre outras), o método trata o corpo físico, emocional, mental e espiritual como um conjunto de partes integradas, a fim de despertar a importância do autoconhecimento para mudanças de hábitos, comportamentos e pensamentos na manutenção da saúde física e mental. Testei primeiro em mim mesma e vi a situação que parecia impossível simplesmente se desfazer, dando lugar a várias oportunidades para mim e para minha família.

APRENDA A RELAXAR

Hoje, mais de 10 anos depois da criação do "Busque Autoconhecimento", me sinto realizada com o sucesso do tratamento que desenvolvi. Costumo dar alta para os meus pacientes após dez sessões. Pode parecer pouco, mas é o tempo necessário para limpar e eliminar as frustrações e acúmulos de situações mal resolvidas, fazendo com que a pessoa se conheça melhor e consiga tomar as rédeas da sua vida.

Sei que foi o meu caminho pessoal que me trouxe até esse trabalho. Durante muito tempo eu me questionava e fui confrontada com perguntas sem respostas e problemas que as abordagens tradicionais não respondiam. Com essa terapia, encontrei minha linguagem. Como essa abordagem foi muito útil para mim e para meus pacientes, comecei a pensar em formas de oferecê-la para o maior número de pessoas possível.

O primeiro passo foi criar um relaxamento para limpar e dissolver os incômodos do corpo e da mente. Intitulado Aprenda a Relaxar, ele está disponível no YouTube nas versões português, inglês e espanhol e é um grande sucesso, que já ultrapassou a marca de 250 mil visualizações. Ao buscar a palavra "aprenda a relaxar" no YouTube, o primeiro resultado é justamente ele. Sempre recebo e-mails e comentários de pessoas que se beneficiam dele e o praticam diariamente. Então, para agradecer e ajudar ainda mais pessoas, lancei o aplicativo **Aprenda a Relaxar MD**, disponível gratuitamente nas versões para iOS e Android. Baixe no seu celular ou tablet e descubra os benefícios do relaxamento. Através destes QR Codes, você consegue encontrar facilmente o relaxamento nas mais diversas formas existentes.

ESCUTE O *APRENDA A RELAXAR*

No YouTube, em português, inglês ou espanhol, respectivamente:

Ou baixe o aplicativo na App Store ou no Google Play

Muitas pessoas convivem diariamente com a ansiedade sem saber. Conheça um pouco mais a respeito nas páginas a seguir

CAPÍTULO 2
CONHECENDO A ANSIEDADE

VOCÊ JÁ SE SENTIU ANSIOSO?

Vou contar a história de um dos meus pacientes que sofre de ansiedade. Vamos chamá-lo de Senhor João. Ele mora em São Paulo e começou a trabalhar na cidade de Jandira, município a cerca de 37 km da capital. Para não precisar fazer este trajeto todos os dias, ele optou por se hospedar em Barueri, uma cidade vizinha.

Sr. João sofria de ansiedade há vários anos e, apesar da insistência de sua família para procurar uma ajuda e um tratamento, ele ainda não estava convencido, achava que a situação não era tão grave e que ele poderia dar conta sozinho.

Desde que veio morar no hotel, sua intenção era me procurar. Ele já conhecia meu trabalho, pois um amigo em comum havia feito uma ótima recomendação do meu tratamento, mas ele acabava sempre adiando a entrar em contato comigo, colocando outras coisas na frente.

Costumo dizer que tudo tem uma hora certa para acontecer e que cada pessoa tem uma hora certa para procurar ajuda. A verdade é que sempre existe uma resistência. Às vezes a pessoa nem percebe, mas vai criando situações que a façam ficar sempre no mesmo lugar, como uma autossabotagem. A pessoa não consegue enxergar a real situação e realmente acredita que não é tão grave, que é possível administrar sozinho.

Sr. João tinha o costume de olhar pela janela para ver o movimento da avenida em frente ao hotel. Para chegar à padaria que frequentava todos os dias, bastava atravessar a avenida. Só que um dia, olhando pela janela, ele percebeu que só conseguia olhar: ele não tinha coragem nem de se mexer, muito menos de descer e atravessar a rua. O medo, que é o maior companheiro da ansiedade, apareceu de uma forma gigantesca, tomando conta de toda situação e impedindo que ele tomasse qualquer atitude. Só aí ele percebeu que já havia passado da hora de me procurar. Por mais que todos tenham cobrado uma atitude dele, era ele quem precisava perceber que a hora certa chegou.

Conversamos por telefone e eu o tranquilizei. Marcamos uma consulta e combinamos que alguém iria buscá-lo. Ele já não se sentia seguro para dirigir à noite e mesmo durante o dia acabava criando algumas desculpas para faltar a vários compromissos e, assim, não precisar dirigir.

Meu primeiro atendimento demora uma hora e meia. Nesta primeira sessão eu não anoto nada, somente dou atenção à pessoa que me procura. Como sou psicoterapeuta holística, quero saber tudo a respeito de quem estou atendendo: sua família, suas aflições, suas queixas. Também aproveito para dar todas as explicações sobre o tratamento.

Perguntei se ele dormia bem e o sr. João foi logo dizendo que ele dormia muito bem e rápido quando estava no hotel, mas que isso não acontecia aos finais de semana, quando dormia na casa dele. Achei isso muito estranho, porque o ansioso geralmente não dorme bem, ele não para de pensar um minuto e com isso não consegue dormir.

"Como o senhor faz para dormir no hotel?", perguntei. "Bom, eu vou para a cama com a TV ligada, não passa nem dez minutos e já estou dormindo", ele me disse. "E na sua casa, como o senhor faz?", perguntei. "Na minha casa é bem diferente, minha mulher não gosta de TV ligada, então o quarto fica escuro, sem barulho, próprio para dormir. Só que mesmo eu tendo uma cama melhor, estando na minha casa, na companhia da minha mulher, eu não consigo dormir de jeito nenhum. Eu tinha tudo para dormir melhor, mas eu vou para a cama, fico virando de um lado para outro até eu levantar e arrumar alguma coisa para fazer. Acabo conseguindo dormir bem tarde, quando já estou muito cansado", conta ele.

"Eu sempre tive essa insônia, por isso eu acabei estranhando que eu durmo tão bem quando estou no hotel. Mas quando chega o final de semana e eu vou para minha casa, a minha insônia acaba voltando por algum motivo e eu não consigo dormir", diz. Rapidamente descobri o motivo da insônia do sr. João. Como eu disse antes, todo ansioso tem uma mente acelerada, com excesso de pensamentos. "Quando o senhor se deita na cama, no quarto escuro e silencioso, a única coisa que o senhor escuta são seus pensamentos e, pode ter certeza, isto é a última coisa que o senhor quer escutar. O senhor não consegue parar de se preocupar. São tantos pensamentos que o incomodam que a melhor saída é se levantar e ver TV, aí você se distrai, relaxa e dorme", disse a ele.

No hotel ele assiste à TV na cama e o barulho acaba distraindo seus pensamentos, fazendo com que ele não pense somente nos problemas e consiga pegar no sono facilmente. "Pronto, acabamos de descobrir o segredo da sua insônia. Só que dormir com a TV ligada faz mal. O senhor não tem um sono reparador e acorda cansado", digo a ele.

Apesar de parecer mais fácil pegar no sono com a televisão ligada, esta prática não deve se tornar um hábito, pois não garante um sono reparador

Pedi para ele desligar a TV e trocar o barulho do aparelho pelo uso do meu relaxamento, o Aprenda a Relaxar. O que você faz nos últimos 30 minutos antes de dormir é o que determina como será seu sono. Por isso que o relaxamento é tão importante! Basta baixar o aplicativo no celular e colocar o relaxamento para tocar duas vezes na hora de deitar (sem esquecer de deixar o aparelho no modo avião).

Não há necessidade de prestar atenção no relaxamento, apenas deixe-o tocando. Se começar a sentir sono, deixe o relaxamento tocando mesmo assim. Mesmo que você durma, seu subconsciente escuta tudo e é ele que se encarrega de fazer as mudanças que você necessita. Você dorme a noite inteira, recupera todas as energias e acorda no dia seguinte com muita disposição.

Esses benefícios podem demorar até, no máximo, cinco dias para começar a acontecer. E, até hoje, nunca ouvi nenhuma crítica negativa relacionada ao relaxamento. "Ao contrário da TV, o relaxamento faz um bem enorme. Além disso, vai colocar um fim definitivo na sua insônia, sem que você precise tomar remédio", disse à ele.

Mesmo sem perceber, o Sr. João me ajudou muito. Eu adoro o meu trabalho, principalmente porque sempre há uma grande troca com cada pessoa que atendo, os dois lados aprendem muito. Mas este caso em especial me mostrou que muitas pessoas podem estar na mesma situação do Sr. João e, na maioria das vezes, uma simples conversa, explicação ou atenção já ajudam muito.

Não que eu tenha curado o problema dele apenas com uma conversa, mas isso fez com que ele se enxergasse de outra maneira, que se acalmasse e que aceitasse se tratar. E isso é muito bom! Foi com essa intenção que escrevi essa história, para mostrar que há sempre uma saída para tudo. E, algumas vezes, ela é bem simples. Por isso, não precisamos nos esconder, fingindo que não acontece nada, nos privando de tudo e, muitas vezes, reduzindo nosso mundo apenas ao nosso quarto. Peça ajuda e, o mais importante: esteja aberto para receber ajuda.

ENTÃO, O QUE É A ANSIEDADE?

A ansiedade é uma reação natural que surge quando o corpo percebe um perigo iminente (esse perigo pode ser real ou imaginário). Sendo assim, pode ser considerado uma espécie de alarme contra as ameaças externas, um estado emocional desagradável que vai de um leve desconforto ao medo intenso.

É perfeitamente natural se sentir ansioso antes de uma prova, uma entrevista de emprego ou ao se atrasar para um compromisso. Mas depois de passado o ocorrido, o indivíduo deve retornar ao estado de calma. Com os ansiosos isso não acontece. A pessoa vive em uma tensão constante, esperando que algo aconteça, com medo de algo que ela não conhece e nem sabe identificar.

O estado de ansiedade é caracterizado por não estar centrado no aqui e agora e sim, no futuro. O mecanismo da ansiedade está por trás de quadros como o perfeccionismo, em que a pessoa procura sempre a aprovação dos outros, não se sente amada e tende a agradar os outros de qualquer maneira. Há uma tendência a não se preocupar consigo mesmo, muitas vezes surgindo o desleixo e a falta de cuidados com a aparência. Há em geral uma preocupação fixa com um determinado assunto em detrimento de tudo que há em volta.

A ANSIEDADE ATRAVÉS DOS TEMPOS

A palavra ansiedade tem uma genealogia milenar. Veio primeiro do alemão Angst, depois do grego antigo Ayxo e do latim Anxietatem (ansiedade) e Angor, que significa tanto ansiedade como angústia. E Angor, por sua vez, procedeu da palavra egípcia Ankh. No Egito antigo, esse era o nome dado ao símbolo do sopro da vida, que tinha origem na primeira tomada de ar de um bebê na hora do nascimento. Ou seja, já na raiz mais remota, a ansiedade estava relacionada à respiração ou à falta dela.

Nossos antepassados não tiveram uma vida muito fácil. Eles não conheciam o termo ansiedade, mas com certeza sentiam seus efeitos no dia a dia.

No século XIV: Cerca de 25 milhões de pessoas, o equivalente a um terço da população europeia, morreram de peste negra, também chamada de peste bubônica. As pessoas cogitavam a possibilidade da peste ser castigo de Deus. O medo do contágio era tamanho que o Papa acabou suspendendo a extrema unção dos mortos. Você já pensou a ansiedade das pessoas imaginando quem seria o próximo? O poeta inglês Thomas Hoccleve dizia que convivia constantemente com um 'forte peso' dentro do peito e há registro de pessoas que se sentiam "doentes de preocupação".

No século XVI: As pessoas viviam sob o risco de morrer antes dos 35 anos de doença infecciosa, de ser assaltado na beira da estrada entre uma cidade e outra ou de ofender Deus e ir para o purgatório. Na Europa, homens e mulheres acreditavam em demônios e bruxas, resultando em milhares de pessoas mortas simplesmente por acreditarem que elas eram pessoas ruins.

No século XIX: Em 1889, um surto de febre amarela matou 90% dos habitantes da cidade de Campinas, no interior de São Paulo. Em 1890, o neurologista Édouard Brissaud definiu a ansiedade como "um transtorno psicológico que se manifesta por sentimentos de indefinível insegurança". E após cinco anos, em 1895, Freud definiu a ansiedade como sendo "algo incerto, sem objetivo".

No século XX: Veio a ascensão da psicologia e a definição da ansiedade pelo psiquiatra australiano Aubrey Lewis que, em 1967, descreveu o termo como "um estado emocional com a qualidade do medo, desagradável, dirigido para o futuro, desproporcional e com desconforto subjetivo". Esse significado é o mais aceito até hoje. Com isso as pessoas falavam mais sobre a ansiedade e a angústia sem tantos receios. Tanto que em 1940, o então presidente dos Estados Unidos, Franklin Roosevelt, dá uma declaração que sofria de ansiedade há vários anos e como era ter que conviver com essa sensação.

No século XXI: Considerado o século da ansiedade, a OMS – Organização Mundial da Saúde realiza uma pesquisa sobre o assunto e trata a ansiedade como uma epidemia mundial. O resultado, mostrado a seguir, apresenta a porcentagem de pessoas por país que teve ou tem ao menos um transtorno de ansiedade ao longo da vida. Não importa se rico ou pobre, a ansiedade ataca os países do mundo em maior ou menor grau.

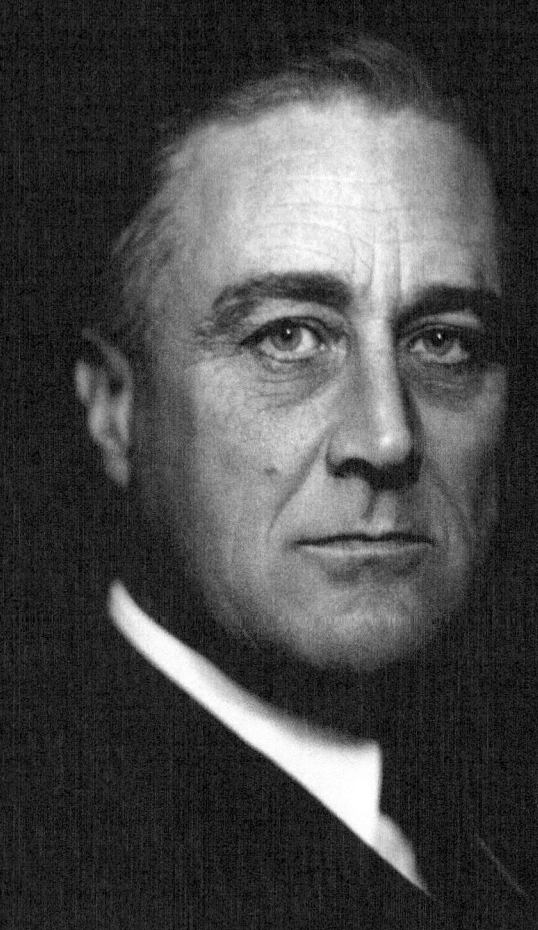

"Ser ansioso é como se estivesse sendo perseguido por um tigre imaginário constantemente, e essa sensação de estar em perigo nunca vai embora."

Franklin Delano Roosevelt

5% Egito	20% Holanda
5% México	20% Inglaterra
5% Equador	21% Canadá
6% Etiópia	23% África do Sul
7% Turquia	23% Brasil
13% Alemanha	24% Colômbia
16% Arábia Saudita	25% EUA
19% China	28% Paquistão

Fonte: Organização Mundial da Saúde – *Cross-national comparisons of the prevalences and correlates of mental disorders*, 2000 e 2004

SAIBA QUANDO É HORA DE SE PREOCUPAR COM A ANSIEDADE

Entre as doenças psíquicas, a ansiedade é uma das que mais afetam a saúde do brasileiro. Também chamada de "a doença do século", estima-se que uma em cada quatro pessoas em todo o mundo apresente algum grau de ansiedade.

No Brasil, aproximadamente 12% da população é ansiosa, calcula o Instituto de Psiquiatria do Hospital das Clínicas da Faculdade de Medicina da Universidade de São Paulo, o que representa 24 milhões de brasileiros com ansiedade patológica.

Dados divulgados em 2012 pelo World Health Mental Survey, ligado à Organização Mundial da Saúde, revelaram um triste cenário do Brasil: cerca de 20% das pessoas que vivem em São Paulo convivem com ou tiveram algum transtorno de ansiedade nos últimos 12 meses e estima-se também que 23% da população brasileira terá algum tipo de distúrbio ansioso ao longo da vida. Para quem sofre de um deles, todo o cuidado é pouco, pois a probabilidade de morrer por doenças cardíacas pode ser até quatro vezes maior.

A ansiedade é considerada um problema quando os sintomas interferem com a capacidade de uma pessoa para dormir ou realizar qualquer outra função, provocando sintomas reais e com uma duração prolongada. Ela se torna patológica quando te impede de controlá-la e passa a controlar você. Diferente da ansiedade normal, que te motiva em várias situações, a ansiedade patológica te trava e não permite que você se prepare para enfrentar as situações ameaçadoras.

Vou contar o que aconteceu comigo:

No final de 2013, minha filha Stéphanie foi pedida em casamento pelo Pedro. Eu e meu marido ficamos muito felizes e começamos a ajudá-los a organizar tudo. Esse momento é muito bonito na vida de uma mulher. Eu adoro minha filha, ela é muito especial, e queria ajudá-la a fazer tudo que estivesse ao meu alcance, para que esse dia fosse o mais feliz da sua vida e para que tudo saísse como como ela havia planejado.

Tivemos cerca de um ano e meio para preparar tudo, com calma. Procuramos fazer tudo com antecedência porque sabíamos que poderiam surgir imprevistos pela frente. Então logo nos primeiros meses nós já tínhamos definido o espaço para a cerimônia e a festa, a decoração, o vestido, etc. Faltando três meses para o casamento estávamos com tudo pronto, sem nenhum estresse, tudo saindo conforme ela havia planejado, da cerimônia à festa.

Chegou o grande dia: fomos nos arrumar no hotel onde seria o casamento. Tanto eu quanto ela estávamos muito calmas, felizes, tirando fotos... deu até tempo para eu costurar a fita com os nomes das amigas solteiras no vestido dela. Ela estava muito tranquila e ficou pronta antes do esperado, porque sempre disse que não gostaria de entrar atrasada na cerimônia (como a grande maioria das noivas faz). Quando estava chegando próximo do horário, ela me pediu para descer e verificar se estava tudo certo.

A decoração estava linda, mas logo que cheguei ao salão me avisaram que o padre ainda não havia chegado e que ninguém conseguia localizá-lo. Os padrinhos ficavam separados dos convidados por uma cortina fina, que não impedia os convidados de vê-los ali. Por isso, muitos deles vinham conversar comigo, me cumprimentavam e perguntavam o que estava acontecendo. Tentava desconversar. A minha vontade era achar logo o padre antes que os convidados e, principalmente, a minha filha percebessem. Ela ainda estava no quarto, com o pai, esperando pelo aviso para descer.

Eu sou uma pessoa muito positiva, determinada e, na maioria das vezes, eu controlo bem as situações. Havíamos planejado o casamento com tanta calma, mas de repente tudo começou a mudar, eu não tinha mais controle nenhum. Foi uma das poucas vezes que fiquei sem saber o que fazer. Comecei a pensar que talvez não teria a cerimônia, só a festa. De repente não teria casamento, só a festa, porque o padre não aparecia e os músicos vieram avisar que tinham outro compromisso em seguida e, como já estava muito atrasado muito, dois integrantes teriam que sair para outro compromisso. Chamei o noivo, Pedro, que entende de música, para me ajudar a negociar com a banda e, enquanto isso, a cerimonialista continuava ligando para o padre a cada minuto. O estresse era tanto que eu estava disposta a aceitar qualquer um que dissesse que era padre.

Duas horas depois do horário marcado no convite, como se nada tivesse acontecido, o padre chegou. Esperei para dar um beijo na minha filha e entrei no salão ao lado do Vanio, pai do Pedro. A minha vontade era me soltar e relaxar um pouco, porque sabia que tudo daria certo a partir daquele momento, mas não conseguia. Estava tão tensa e travada que não conseguia prestar atenção no que o padre falava durante a cerimônia. Eu só queria que tudo terminasse rápido. Eu tinha a impressão que estava demorando muito e que ainda poderia acontecer mais algum imprevisto. Imagine a minha ansiedade! Eu não conseguia ficar parada, mexia as mãos e estava muito inquieta. Não lembro de quase nada, só de ver minha amiga Beth Soares abrindo um lindo sorriso e me puxando pelo braço no final da cerimônia para dizer que eu estava linda.

No momento em que pisei no salão da festa, eu voltei ao normal. Voltei a ficar calma, respirar tranquilamente e a ser eu mesma de novo. A festa foi linda, graças a Deus. Tudo ocorreu bem, sem mais nenhum imprevisto.

Mas no fundo, mesmo eu estando mais tranquila, não me soltei por completo. Olhando as fotos eu vejo exatamente isso que passei. Mas tudo isso não importa mais, só contei para que você perceba que isso pode acontecer com qualquer um, que não significa que você sofra de ansiedade generalizada, mas sim que passou por uma situação muito estressante, e teve que administrar a ansiedade e todos os seus sintomas.

Isso mostra que não dá para dizer que uma pessoa tem TAG baseado apenas em uma única crise gerada por uma situação difícil pela qual tenha passado.

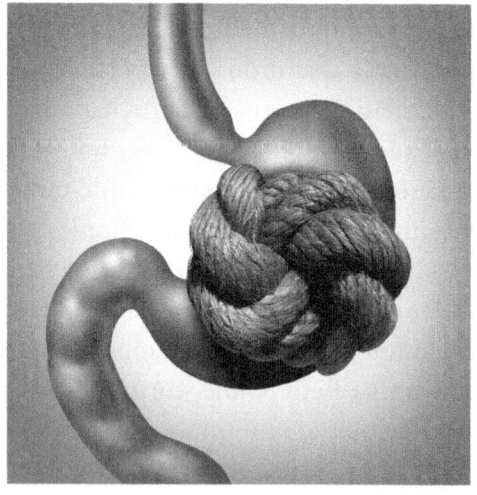

Quando passamos por um momento de ansiedade, uma das sensações mais comuns é sentir um grande "nó no estômago"

CAPÍTULO 3
CONHEÇA OS TRANSTORNOS DE ANSIEDADE

SAIBA DIFERENCIAR OS TRANSTORNOS DE ANSIEDADE

▶ **Transtorno da Ansiedade Generalizada - TAG:** O transtorno da ansiedade generalizada (TAG), segundo o manual de classificação de doenças mentais (DSM.V), é um distúrbio caracterizado pela "preocupação excessiva ou expectativa apreensiva" persistente e de difícil controle, e vem acompanhado por três ou mais dos seguintes sintomas, sendo que alguns deles se fazem presentes na maioria dos dias, nos últimos 6 meses: inquietação, fadiga, irritabilidade, dificuldade de concentração, tensão muscular e perturbação do sono.

É importante registrar também que nesses casos o nível de ansiedade é desproporcional aos acontecimentos geradores de transtorno, causando muito sofrimento e interferindo na qualidade de vida e no desempenho familiar, social e profissional dos pacientes.

O transtorno da ansiedade generalizada pode afetar pessoas de todas as idades, desde o nascimento até a velhice. Ainda segundo o estudo do DSM, sd mulheres têm duas vezes mais probabilidade de experimentar o TAG do que os homens.

Vale lembrar que várias características distinguem o transtorno de ansiedade generalizada da ansiedade não patológica. Primeiro: as preocupações associadas ao transtorno de ansiedade generalizada são excessivas e geralmente interferem de forma significativa no funcionamento psicossocial, enquanto as preocupações da vida diária não são excessivas e são percebidas como mais manejáveis, podendo ser adiadas quando surgem questões mais prementes. Segundo: as preocupações associadas ao transtorno de ansiedade generalizada são mais disseminadas, intensas e angustiantes; têm maior duração; e frequentemente ocorrem sem precipitantes. Terceiro: as preocupações diárias são muito menos prováveis de ser acompanhadas por sintomas físicos (inquietação ou sensação de estar com os nervos à flor da pele, por exemplo). Os indivíduos com transtorno de ansiedade generalizada relatam sofrimento subjetivo devido à preocupação constante e prejuízo relacionado ao funcionamento social, profissional ou em outras áreas importantes de sua vida.

▶ **Estresse pós-traumático:** Após presenciar ou tomar conhecimento de um evento traumático, a pessoa passa a reviver o evento sob a forma de pesadelos ou flashbacks da cena. Com isso procura evitar situações que tragam mais lembranças perturbadoras, mas não consegue pensar em outra coisa.

Às vezes os sintomas só aparecem após alguns meses ou mesmo depois de vários anos do acontecimento traumático. Casos que podem desencadear um estresse pós-traumático: sequestros, perda de entes queridos, violência física ou sexual, ser exposto de forma repetida ou extrema a detalhes aversivos do evento traumático, socorristas que recolhem restos de corpos humanos, policiais repetidamente expostos a detalhes de abuso infantil.

▶ **Transtorno de Pânico:** A síndrome do pânico é um transtorno psicológico caracterizado pela ocorrência de inesperadas crises de pânico e por uma expectativa ansiosa de ter novas crises.

O ataque tem um início súbito e aumenta rapidamente, atingido um pico em 10 minutos. Raramente ultrapassa 30 minutos e ocorrem quatro ou mais dos seguintes sintomas: palpitações, coração acelerado, taquicardia, sudorese, tremores ou abalos, sensações de falta de ar ou sufocamento, sensações de asfixia, dor ou desconforto torácico, náusea ou desconforto abdominal, sensação de tontura, instabilidade, vertigem ou desmaio; calafrios ou ondas de calor; parestesias (anestesia ou sensações de formigamento); desrealização (sensações de irrealidade) ou despersonalização (sensação de estar distanciado de si mesmo); medo de perder o controle ou "enlouquecer"; e medo de morrer.

De repente a pessoa começa a passar muito mal, há um desconforto enorme junto com uma sensação de perigo que muitas vezes levam as pessoas a acreditar que está tendo um ataque cardíaco ou um derrame. Em muitos casos, ao sentir-se assim, as pessoas procuram o pronto-socorro e, para surpresa delas, depois de vários exames, nenhum problema físico é constatado.

▶ **Agorafobia:** Agorafobia quer dizer medo de lugares abertos e ou de espaços públicos com aglomerações. A característica essencial da agorafobia é uma ansiedade que aparece quando a pessoa se encontra em situações onde o socorro imediato não é possível caso ela venha a passar mal.

A ansiedade agorafóbica pode ser, inclusive, antecipatória, ou seja, aparecer diante da simples possibilidade de ter que vivenciar determinadas situações. Isso, muitas vezes, leva a pessoa a evitá-las.

Os medos mais comuns enfrentados pelos agorafóbicos são: entrar em lugares fechados como aviões, elevadores e cinema, restaurantes, filas, avenidas longas; viajar de ônibus, trem e automóvel; se distanciar de casa ou de estar só em uma destas situações.

O agorafóbicos tem a necessidade de estar sempre acompanhado para ir a todos os lugares. Às vezes basta a companhia de uma criança para o agorafóbico sentir-se tranquilo. É o medo de ter medo. A pessoa evita tantas situações com medo de ter uma crise que, na maioria das vezes, ela acaba não saindo de sua casa.

▶ **Ansiedade induzida por substâncias:** Segundo o CID-10 (Classificação Internacional de Doenças e Problemas da Organização Mundial da Saúde), o transtorno de ansiedade induzido por substâncias é caracterizado pela presença de sintomas comuns a outros transtornos de ansiedade (Ex: ataques de pânico, fobias, compulsões), sendo estes sintomas acarretados por ingestão de substâncias como álcool, cafeína, cocaína, maconha, anfetaminas, LSD, inalantes, heroína, tranquilizantes, entre outros.

Os sintomas aparecem durante o uso ou após um mês da intoxicação ou abstinência de uma ou mais substancias. O distúrbio causa sofrimento clinicamente significativo ou prejuízo no funcionamento social ou ocupacional.

▶ **Fobias específicas:** Medo de objetos ou situações determinadas. Por exemplo: medo de aves, de cães, do vento, da noite, das aranhas, de baratas, do escuro, de tomar injeção, de altura.

Em crianças, o medo pode ser expresso por choro, ataques de raiva, imobilidade ou comportamento de agarrar-se. Já em adultos, a sensação de medo exagerado provoca uma resposta imediata de ansiedade. E dependendo da intensidade desse transtorno, a pessoa pode desencadear um ataque de pânico.

O medo, ansiedade ou esquiva causa sofrimento clinicamente significativo ou prejuízo no funcionamento social, profissional ou em outras áreas importantes da vida do indivíduo.

▶ **Fobia de ansiedade social:** A fobia social é um transtorno caracterizado pelo medo e ou por evitar situações sociais ou de desempenho - como reuniões de trabalho, palestras, escola, festas, encontros amorosos, banheiros públicos ou comer em companhia de outras pessoas - onde o indivíduo é submetido à observação de outras pessoas e teme ser avaliado negativamente, provocando assim uma resposta imediata de ansiedade. Nessas situações há a presença de sintomas físicos como: palpitações, tremores, falta de ar, sudorese, náusea, gaguez e diarreia. Já nas crianças, a fobia social pode surgir ao falar em sala de aula, dormir na casa de amigos, fazer trabalho em grupo ou comer na cantina perto de outras crianças. E elas geralmente apresentam sintomas como: rubor da face, desarranjo gastrointestinal, suor excessivo, tremores, etc.

A fobia social é o mais comum dos transtornos de ansiedade. Estima-se que 3% a 5% da população tenha sintomas fóbicos que resultam em diferentes graus de incapacitação e limitações sociais e ocupacionais. Parece ser igualmente frequente em homens e mulheres na população geral, mas os homens procuram mais tratamento do que as mulheres.

▶ **Transtorno Obsessivo Compulsivo (TOC):** Os sintomas característicos do TOC são obsessões e compulsões, pensamentos repetitivos e persistentes, que necessitam alguns rituais para suprimi-los. Exemplo: lavar as mãos repetidamente, tomar banho durante horas todos os dias, etc.

As compulsões não são executadas por prazer, embora alguns indivíduos experimentem alívio da ansiedade ou sofrimento ao realizarem os atos.

A frequência e a gravidade das obsessões e compulsões variam entre os indivíduos com TOC. Alguns apresentam sintomas leves a moderados, passando de 1 a 3 horas por dia com obsessões ou executando compulsões, enquanto outros têm pensamentos intrusivos ou compulsões quase constantes que podem ser incapacitantes.

Eu atendi muitas pessoas que sofriam de TOC há anos, mas que acabavam recebendo um tratamento por ansiedade generalizada ou depressão. Infelizmente, muitos acabam confundindo ter muitas manias ou uma personalidade forte com o TOC. A principal diferença é que aqueles que sofrem com esta doença sofrem muito, porque são forçados a uma rotina que nem sempre é fácil de seguir. E o mais estranho é que, em muitos casos, a família não percebe que aquelas manias não são normais.

Eu tive uma paciente que tinha necessidade de obedecer vários rituais e um deles era cutucar o rosto diversas vezes ao dia. Ela tinha o rosto lindo, mas todo marcado. Ela não conseguia controlar e o que era pior é que o marido também tinha o rosto marcado, mas não tinha TOC. A mulher marcava o seu rosto e depois marcava o dele. E o marido não conseguia dizer não, pois achava que tudo aquilo era fruto da sua ansiedade. Saiba que o TOC é muito mais comum do que se imagina.

CAPÍTULO 4
COMO É CONVIVER COM A ANSIEDADE

VEJA SE VOCÊ SE IDENTIFICA EM UMA DESSAS SITUAÇÕES?

Você é daqueles que não conseguem viver sob pressão? Seu coração dispara quando olha o relógio? Você acaba com o estoque da geladeira e nem sabe por quê? Quando marca uma viagem, você faz as malas uma semana antes? Está sempre correndo, até mesmo quando não precisa? Fala muito rápido e percebe que os outros não acompanham seu raciocínio?

Está sempre sofrendo ou com o coração disparado? Começa a suar frio, sem falar na dor de barriga nas horas mais impróprias? Fica apavorado quando tem de falar em público? Fica imaginando de onde virá o perigo? Fica em alerta constante? Esquiva-se, foge, isola-se, desvia a própria atenção ou a dos outros sobre si mesmo? Tenta controlar tudo? É perfeccionista? Não gosta de surpresas? Acha que não recebe o carinho que merece? Não consegue parar de pensar? Não dorme direito? Não tem paciência com nada? Procura agradar ao outro em primeiro lugar?

Se você tem ansiedade, com certeza se identificou em várias situações, pois todas são características de pessoas com Ansiedade Generalizada. Todas as pessoas sentem um pouco de ansiedade todos os dias, só que para as pessoas com TAG as sensações são tão fortes que elas não conseguem enfrentar certas situações que para os outros são suportáveis. Por isso, elas acabam evitando várias situações. Quer ver?

A pessoa tem que estudar para uma prova, mas sente tanta ansiedade que não consegue se concentrar nos estudos; foge das festas porque não quer ficar sentindo aquele incomodo de ficar de canto com dificuldade de se entrosar e medo de falar bobagem; está no mercado, olha a fila no caixa, larga tudo e vai embora (só porque quer ir logo para casa); decide fazer um regime ou se inscrever na academia, mas fica tão preocupada com os resultados que mesmo sem perceber, está sempre arrumando uma desculpa para fugir, com isso não consegue manter o programa e nem emagrecer; seu filho sai com os amigos como todo final de semana, e são 4 da manhã ele ainda não voltou para casa. Você tenta ligar de 5 em 5 minutos para saber que horas ele volta para casa e o que está fazendo. Não dorme até ele voltar e, o que é pior, não deixa ninguém em volta dormir.

Qualquer um ficaria ansioso nestas situações, mas o ansioso patológico vai além, porque as pessoas que sofrem desta doença são extremamente negativas. Elas têm uma preocupação desproporcional porque acreditam que tudo de ruim irá acontecer, e o que é pior, que elas não terão condições de enfrentar essas coisas ruins que imagina. Já imaginou viver com essa angústia e sofrimento o tempo todo?

QUAIS SÃO AS PRINCIPAIS PREOCUPAÇÕES DOS ANSIOSOS?

A preocupação com a possibilidade de vir a adoecer ou sofrer um acidente, embora não existam indicativos de que essas coisas possam vir a acontecer, é o foco mais comum das preocupações das pessoas com ansiedade generalizada. Estas pessoas estão sempre imaginando situações que envolvam acidentes, doenças e frequentemente se consideram incapazes de lidar com elas caso realmente venham a acontecer. Elas ficam tão preocupados que muitas vezes sonham com esses acidentes e só melhoram quando conseguem falar com a pessoa que estava no sonho.

Além de esperar que coisas ruins vão acontecer, quem sofre de ansiedade generalizada acredita que não terá condições para enfrentar as coisas ruins que imagina. É uma constante preocupação com a própria preocupação. A pessoa passa a ter noção que está se preocupando muito e, com isso, pode perder o controle, ficando doente.

Não digo que não devemos nos preocupar. Uma coisa é a preocupação que te ajuda a enfrentar e resolver os problemas e a outra é a preocupação que te paralisa, aquela que além de não resolver o problema, ainda o aumenta. O Sr. X, que ficou paralizado em frente à janela sem conseguir fazer nada, é um bom exemplo.

Quando se está ansiosa demais, as possibilidades de tudo dar errado podem aumentar. Ao ficarmos presos na ansiedade, vemo-nos prejudicados no desempenho de tarefas em que se requer raciocínio lógico, concentração e decisões rápidas. Então eu pergunto, por que tanta preocupação?

CRENÇAS E DITADOS QUE LIMITAM NOSSAS VIDAS

Algumas crenças e ditados que escutamos desde a infância podem ter um importante papel em limitar nossas vidas. Quem nunca ouviu uma destas frases? Sou incapaz; ninguém me entende; cabeça de vento; o mundo é cheio de perigos; tal pai, tal filho; tirar 10 não é mais que obrigação; sou um fracasso; se perder o emprego, jamais arrumarei outro.

Essas crenças acabam grudando no seu subconsciente e, quando você menos espera, passa a acreditar nelas. A pessoa realmente passa a acreditar que quanto mais se preocupa, estará evitando que coisas ruins aconteçam, desistindo assim de procurar uma outra resposta e ficando sempre com esse mesmo pensamento, igual a história do elefante. Você conhece esta história?

Desde pequeno, o elefante ficava amarrado em uma cordinha que não o deixava sair. O elefante cresceu e a cordinha que o segurava era a mesma de quando ele era bebê. Como ele tentou se livrar da corda quando era pequeno e não conseguiu, acabou desistindo de tentar. Mesmo quando cresceu, ele continuou pensando que a corda era mais forte do que ele e não tentou novamente. Será que não é isso que está acontecendo com você?

QUEM ESTÁ MAIS PREDISPOSTO AO PROBLEMA?

Estudos apontam que para cada homem ansioso há três mulheres com o mesmo problema. Elas costumam sofrer mais com transtornos de ansiedade por dois motivos. O primeiro é hormonal: a mulher não produz hormônios regularmente como o homem. No período pré-menstrual, por exemplo, o cérebro feminino fica privado de duas substâncias calmantes e antidepressivas, o estrógeno e a progesterona. Essa produção inconstante causa a TPM e a deixa mais vulnerável aos transtornos ansiosos. Já o segundo motivo é social: para as mulheres, é natural expressar os sentimentos, elas externam suas sensações normalmente. Já o homem aprende que sentir ansiedade é sinal de fraqueza, e tem de aprender a lidar com ela para ser mais bem-aceito socialmente.

FALTA DE TEMPO?

Você já percebeu que a maioria das pessoas acredita que não há tempo suficiente para realizar tudo o que precisamos? Será que falta mesmo tempo ou nós que estamos cada vez mais querendo encaixar tudo no mesmo período? Afinal, hoje nós temos tantas informações e, como é impossível absorver e assimilar o tanto de informações que recebemos em um dia, ficamos com a impressão que o tempo voa. Mas nada mudou, o dia continua com 24 horas, então o que precisamos fazer é ajustar o nosso relógio interno com o tempo real.

O problema é que nós deixamos que o nosso relógio interno viva de acordo com cada situação. Quer ver? Se você sai para fazer compras, é capaz de ficar horas no provador experimentando tudo o que gostou. Mas, se encontra uma fila enorme na hora de pagar, depois de cinco minutos você já começa a achar que está demorando muito, que a pessoa não sabe cobrar direito, que é lenta, etc. Você sente que duas horas no provador é uma delícia, mas cinco minutos na fila é quase uma eternidade. Ou seja, o tempo é o mesmo para as duas coisas, o que muda é o seu envolvimento e interesse na situação.

MENTE ACELERADA

Você não acha estranho que de uns tempos para cá muitas pessoas têm problemas de memória, até mesmo crianças? Que a maioria das pessoas tem problemas para dormir e estão cansadas o tempo todo? Que muitas crianças passaram a ficar mais irritadas, mais manhosas e, como dizem alguns pais, com um temperamento forte? Que muita gente se diz hiperativo e/ou com transtorno de déficit de atenção (TDAH), ou ainda, que são bipolares?

Nós deveríamos ser calmos, passar por alguns momentos ansiosos e estressantes, e depois voltarmos para a calma. Mas o que acontece hoje com a maioria das pessoas é que elas estão cada vez mais aceleradas.

Quando pensamos rápido demais ou em excesso, provocamos uma excitação, uma aceleração do pensamento, gerando mais ansiedade. Você muda seu ritmo e acha que com isso está ganhando tempo, mas no fundo está perdendo em conteúdo e qualidade. Acaba se viciando com este estilo de pensamento: você usa seu corpo e sua mente como se tudo fosse muito urgente.

Você passa a acreditar que consegue fazer várias coisas ao mesmo tempo: que é uma pessoa multitarefa, rápida e eficiente, como o nosso mercado de trabalho tanto procura e gosta. Seu dia começa e você se mantém ligado o dia todo, trabalhando e com todas as redes sociais conectadas. Afinal você tem que se manter conectado e checar todos os e-mails, sem deixar de lado o celular nem por um minuto.

Vivemos em uma sociedade que quer tudo para ontem. Somos bombardeados por informações o tempo todo e a verdade é que nós não conseguimos absorver tudo. Você sempre fica com a sensação de que precisa estar mais atualizado, de que a outra pessoa consegue mais do que você, gerando uma competição constante e um sentimento de fracasso.

Somos cobrados, pressionados, e tudo isso nos tira do equilíbrio emocional, comprometendo nossa memória, nossa inteligência, nossa criatividade e até mesmo nossa alegria de viver. Imagine uma máquina sempre operando no limite: ela com certeza não vai resistir por muito tempo.

É isso o que está acontecendo com você, ou melhor, com a maioria das pessoas. Elas estão vivendo no limite, a ponto de explodir. Nada que seja calmo e tranquilo as satisfaz. Elas não dormem bem, não trabalham direito e nada as faz realmente feliz. É preciso parar e acabar de uma vez com essa situação.

CAPÍTULO 5
PARE, REVEJA E MUDE

REPENSE SUA VIDA

As doenças modernas estão nos mandando um recado claro: Pare, reveja e mude! No entanto, na maioria das vezes, nós preferimos não escutar os sinais e, com isso, vamos nos afundando cada vez mais.

Leia o depoimento de uma das minhas pacientes sobre este assunto: "Meu nome é Sônia e moro sozinha. Eu acordo e tenho apenas uma hora para me arrumar, então eu tenho que fazer tudo ao mesmo tempo para não me atrasar. Começo tomando banho e depois checo as mensagens no celular enquanto preparo meu café da manhã. Passo roupa, faço minha maquiagem, converso pelo Skype, tomo café, troco mensagens pelo WhatsApp e ainda cuido da minha gata. Tudo ao mesmo tempo! Levei essa vida por um ano e a verdade é que quase enlouqueci. Queimei várias camisas, derramei café na roupa diversas vezes e já até fui trabalhar usando um pé de cada sapato. Comecei a ficar tão ansiosa que não conseguia mais dormir, porque checava as mensagens a todo minuto. Dormia com o telefone ligado ao lado do travesseiro e acabava acordando a cada notificação que chegava. Quando o alarme tocava, acordava sem nenhuma vontade de levantar e já chegava ao trabalho muito cansada. Descobri, de uma maneira nada saudável, que a ansiedade é, sem dúvida, um dos maiores problemas da atualidade."

Vou contar como conheci a Sônia. Eu adoro programas de rádio e em outubro de 2014 fui convidada para participar do programa "Dois em Um", da rádio Transamérica, para falar responder a perguntas dos ouvintes sobre estresse.

Sônia estava me esperando do lado de fora da rádio quando o programa acabou. Ela já acompanhava minha carreira há algum tempo, mas nunca pensou em me procurar. Achava que não precisava, que apenas gostava do meu trabalho. Só que naquele dia ela foi despedida do trabalho. Ela, que já estava no limite, ficou desesperada com a notícia. Quando estava no carro, voltando para casa, ligou a rádio e, sem querer, me ouviu falando.

Sônia pensou que eu poderia ser a saída que ela precisava e foi atrás de mim. Quando ela me abordou, ela estava tão desesperada que eu acabei desmarcando um compromisso que eu tinha no final do dia para poder atedê-la, porque percebi que se eu não a atendesse, ela poderia fazer alguma besteira.

Disse que não poderia atendê-la naquele instante, mas sugeri que ela fosse para casa, tomasse um banho, comesse algo e fizesse meu relaxamento para se acalmar. Só conseguiria atendê-la duas horas depois, então pedi para que, nesse meio tempo, ela me ligasse se algo acontecesse e para que ela não tomasse mais nenhum remédio enquanto isso (pois ela já havia tomado um calmante antes de me encontrar).

Durante o atendimento, descobri que ela tomava tantos remédios que dava para encher uma sacola: remédio para emagrecer, para se acalmar, para dormir e outro para ficar mais animada ao longo do dia. Mas, devido a grande quantidade de comprimidos, ela estava sempre de mau humor e não conseguia produzir nada direito no trabalho, motivo pelo qual ela foi mandada embora.

Eu agradeço muito a Deus por ela ter percebido que estava no seu limite e, com isso, ter ido buscar ajuda. Um mês depois, ela me contou que a vontade que ela tinha era de ir para casa, tomar um monte de remédios e dormir, porque ela não sabia mais o que fazer, ela só queria acabar com aquele sofrimento. Mas que depois que ela me ouviu no rádio, decidiu ir me procurar. Ainda bem!

Sônia havia se separado há dois anos, morava sozinha e tinha uma condição de vida muito boa. Era uma mulher bonita e independente, mas que viu seu mundo desabar quando se separou do marido, por quem era muito apaixonada. Para não entrar em depressão, ela começou a tomar remédios. Para completar, ela ainda ficava dia e noite no computador e no celular, e dormia muito pouco.

Qualquer pessoa que sofre de ansiedade conhece muito bem o resto da história: Sônia tinha o pensamento acelerado e estava sempre a mil. E, com o passar do tempo, esses hábitos começaram a prejudicar o rendimento dela no trabalho, além de lhe causar uma série de problemas físicos, como dor nas costas, dor nas juntas, dor de cabeça e fibromialgia. As dores eram tantas que cada semana ela ia a um médico diferente e acabava tomando remédios para tudo isso.

Quando eu a conheci, ela tinha 36 anos, mas parecia uma mulher muito mais velha. Tinha um rosto duro e sofrido, e reclamava de dores no corpo todo. Era chata, negativa e amargurada. É muito difícil conviver com alguém neste estado.

No caso da Sônia, foi preciso chegar ao fundo do poço para que ela conseguisse enxergar o problema e pedir ajuda. Eu convivi semanalmente com a Sônia durante seis meses e acompanhei de perto sua transformação.

Em 2015, ela se mudou para o interior, onde teria a companhia da sua família e a intenção de começar uma vida nova, de virar a página. Ela me manda mensagens pelo Facebook e me contou que se casou novamente e teve um filho. O mais importante de tudo isso é que ela recuperou as rédeas da vida dela e voltou a ser feliz. Hoje em dia ela não toma mais remédios, não sente mais dores e não sofre mais de somatização.

A Sônia precisou chegar ao fundo do poço para perceber que já havia passado da hora de tomar uma atitude e mudar para melhor. E você, como está?

VEJA O QUE A ANSIEDADE FAZ COM O SEU CORPO E A SUA MENTE

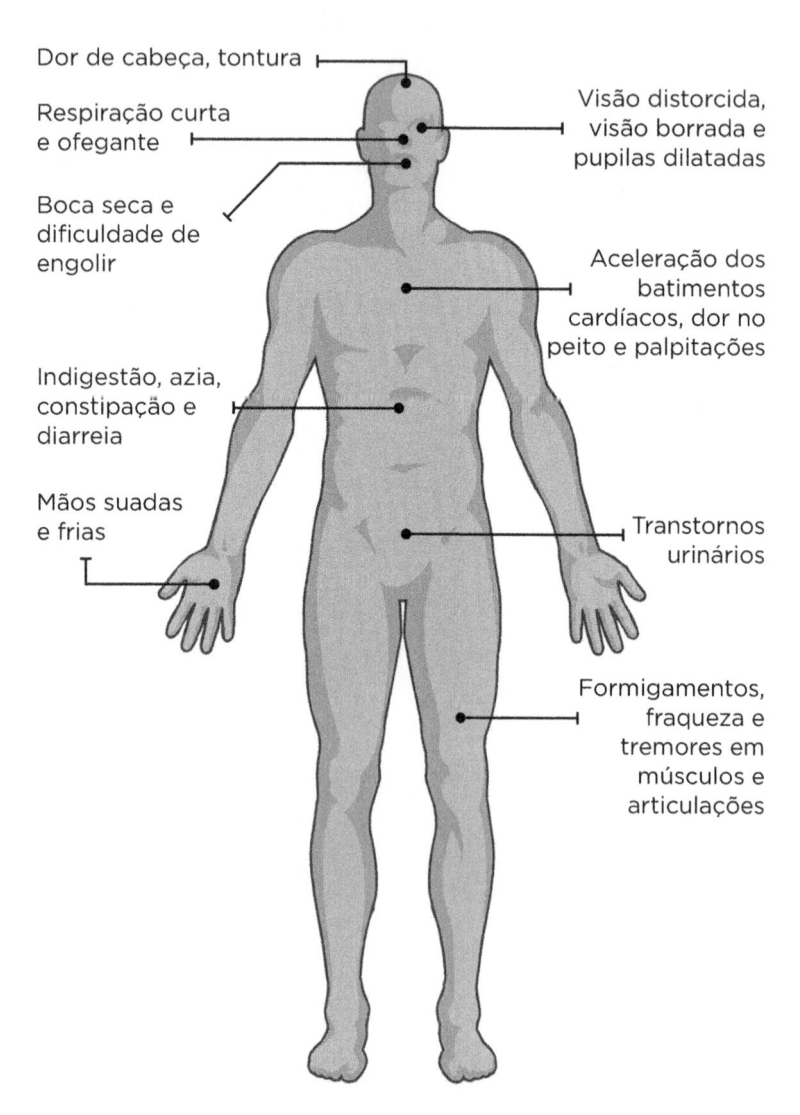

- Dor de cabeça, tontura
- Respiração curta e ofegante
- Boca seca e dificuldade de engolir
- Indigestão, azia, constipação e diarreia
- Mãos suadas e frias
- Visão distorcida, visão borrada e pupilas dilatadas
- Aceleração dos batimentos cardíacos, dor no peito e palpitações
- Transtornos urinários
- Formigamentos, fraqueza e tremores em músculos e articulações

EFEITOS PSICOLÓGICOS

- Agressividade
- Apreensão
- Aumento ou falta de apetite
- Conduta compulsiva
- Dificuldade de concentração
- Irritabilidade
- Pensamentos negativos
- Preocupação
- Sensação de estar no limite

EFEITOS FÍSICOS

- Alterações digestivas
- Alterações no sono
- Branqueamento da pele
- Falta de ar
- Frio na barriga
- Mudança de peso
- Quadros alérgicos
- Sensação de bolo na garganta e aperto no peito
- Transpiração excessiva
- Vertigens

A FISIOLOGIA DA HIPERVENTILAÇÃO

Que ansioso não sente falta de ar? Provavelmente não existe, não é mesmo? A falta de ar é uma das maiores queixas das pessoas que sofrem de ansiedade. Elas realmente acreditam que vão morrer sufocadas, pois não há ar suficiente para elas.

A respiração saudável consiste em um equilíbrio entre inspirar oxigênio e expirar dióxido de carbono (CO^2). Na hiperventilação, respiramos rápido demais pela boca, aumentando os níveis de oxigênio (apenas no sangue) e liberando uma grande quantidade de CO^2.

Os Ph.Ds Michelle G. Craske e David H. Barlow, especialistas nos estudos de ansiedade, explicam muito bem o processo de hiperventilação:

Enquanto que a maioria dos mecanismos corporais são controlados por meios químicos e físicos "automáticos" (e respirar não é uma exceção), a respiração tem uma propriedade adicional que é a de ser capaz de ser submetida a um controle voluntário. Por exemplo, é muito fácil para nós prender a respiração (nadando debaixo d'água) ou aumentar o ritmo da respiração (soprando um balão). Uma série de fatores "não automáticos" como as emoções, o estresse ou o hábito podem causar um aumento no ritmo de nossa respiração. Estes fatores podem ser especialmente importantes para pessoas que sofrem de ataques de pânico, causando uma tendência a respirar "demais".

Também interessante é que, enquanto a maioria de nós considera que o oxigênio é o fator determinante em nossa respiração, o corpo, na realidade, utiliza o CO^2 como seu "marcador" para uma respiração apropriada. O efeito mais importante da hiperventilação então, é realizar uma queda na produção de CO^2. Isto, por sua vez, leva a uma redução do conteúdo ácido do sangue, o que conduz ao que é conhecido como sangue alcalino. Estes dois efeitos - a redução de CO^2 no sangue e o aumento da alcalinidade do sangue - que são os responsáveis pela maioria das mudanças físicas que ocorrem durante a hiperventilação.

Uma das mudanças mais importantes que ocorre durante a hiperventilação é a constrição ou o estreitamento de certos vasos sanguíneos do corpo. O sangue enviado ao cérebro é de certa forma reduzido. Aliado a este estreitamento dos vasos, a hemoglobina aumenta sua "pegajosidade" com o oxigênio. Por isso, não apenas o sangue alcança menos áreas do corpo, como o oxigênio carregado pelo sangue também é menos liberado para os tecidos. Paradoxalmente, então, enquanto que uma respiração aumentada significa mais oxigênio está sendo levado para dentro do organismo, menos oxigênio alcança certas áreas de nosso cérebro e do corpo. Este efeito resulta em duas categorias de sintomas:

1) Centralmente, alguns sintomas são produzidos pela ligeira redução de oxigênio à certas partes do cérebro (que incluem tonteira, sensação de vazio na cabeça, confusão, falta de ar, visão borrada, despersonalização (fuga de si mesmo), alucinações visuais (muitas pessoas acreditam que estão enlouquecendo);

2) Perifericamente, outros sintomas são produzidos pela ligeira redução de oxigênio à certas partes do corpo (que incluem um aumento no batimento cardíaco para bombear mais sangue pelo corpo; dormências e formigamentos nas extremidades; pés e mãos frias e suadas, e algumas vezes enrijecimento muscular).

É importante observar que hiperventilar (possivelmente através da redução de oxigênio a certas partes do cérebro) pode produzir uma sensação de falta de ar, estendendo algumas vezes à sensações de engasgar ou sufocar, de modo que possa parecer como se a pessoa de fato não estivesse conseguindo ar suficiente.

Ela é uma parte da reação de luta-e-fuga e por isso sua função é de proteger o corpo do perigo, e não ser perigoso. As mudanças associadas com a hiperventilação são aquelas que preparam o corpo para a ação de modo a escapar de um perigo em potencial. Assim, a hiperventilação é uma reação automática do cérebro para imediatamente esperar o perigo e, claro, para o indivíduo sentir a premência de escapar.

MUDANÇAS DO CORPO

O corpo do ansioso fica tenso a cada situação nova, porque quem sofre de ansiedade percebe o perigo em todos os lugares e seus pensamentos não dão trégua. O ansioso está sempre em dúvida entre ir e não ir, fazer e não fazer, querer e não poder, dever e não querer, poder e não dever, e assim por diante.

Além destes conflitos, quem é ansioso ainda precisa lidar com muitos pensamentos negativos, todos ameaçadores e voltados para o futuro. "E se eu não conseguir falar nada na hora da palestra?", "E se eu for subir a escada e tiver um enfarto?", "E se não conseguir...?".

A cada nova situação esse "e se" aparece: ele não sai da sua mente e faz com que ela viva interpretando todas as situações mais improváveis, mais impossíveis e mais catastróficas como se fossem coisas muito normais e fáceis de acontecer a todo e qualquer momento. Ou seja, motivação fisiológica para o aparecimento da ansiedade existe de sobra, você não acha?

Esses eventos, na maioria das vezes, não acontecem, mas o simples fato de pensar neles desencadeia o ciclo de ansiedade e medo. O corpo fica tenso e, por isso, você não consegue ficar parado. Há uma inquietação tão grande que você precisa se movimentar fisicamente, mexendo as mãos ou os pés. A respiração fica mais acelerada e os pensamentos ficam confusos e agitados por todas aquelas ideias e dúvidas. Você simplesmente quer sumir e parar de pensar, porque parece que você vai enlouquecer e que não há ar suficiente.

Seu peito dói e você começa a achar que vai morrer, porque você está muito mal. Calma! Todos esses sintomas mostram que, na verdade, você está tendo uma crise de ansiedade.

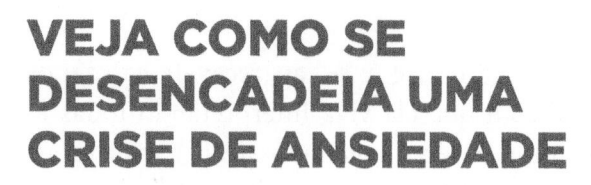

VEJA COMO SE DESENCADEIA UMA CRISE DE ANSIEDADE

▶ INÍCIO

Você está calmo e, mesmo sem perceber, algo provoca um incômodo

EXAUSTÃO

Ataque de ansiedade

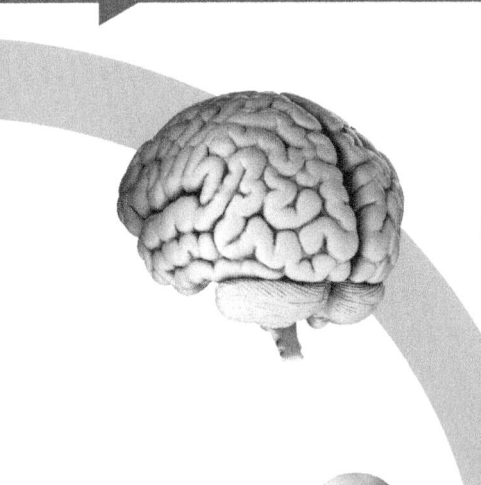

Seu cérebro percebe algum perigo

Sua respiração se modifica

Começa a sentir que algo ruim está pra acontecer

MEDO

ANSIEDADE
Surgem os sintomas como taquicardia, tremores e dor no peito

CRISE DE ANSIEDADE

Você deveria estar calmo, mas o ansioso nunca está realmente calmo, ele está sempre de prontidão e vigilante ao menor sinal de perigo.

O cérebro envia sinais ao corpo para preparar-se contra o perigo. O corpo produz pensamentos ansiosos e as sensações corporais se manifestam: sua respiração se modifica (ficando curta e ofegante), um arrepio percorre a espinha, as mãos e os pés começam a suar muito e você passa a achar que algo de muito ruim vai acontecer. Para completar, seus batimentos cardíacos (que normalmente variam de 60 a 100 vezes por minuto) podem chegar a 150 vezes por minuto e suas pupilas dilatam, tirando assim sua capacidade de reparar nos detalhes.

O medo e a agitação tomam conta de tudo. Como o oxigênio para o cérebro é reduzido pela hiperventilação, sua visão começa a embaçar e os sintomas típicos aparecem, como tonturas e enjoo.

Neste momento, é comum sentir vontade de chorar, além de se sentir fraca e confusa. Também é normal sentir formigamentos e dormências. As sensações são tão assustadoras que na sua cabeça você realmente acredita que vai morrer.

Quando tudo finalmente termina, você está exausto, porque o ato de hiperventilar é um trabalho muito pesado. Ao respirar pelos pulmões, ao invés de respirar pelo diafragma, os músculos do peito tendem a se tornar cansados e tensos, causando pressão e dores no peito.

MEDO - SEU COMPANHEIRO INSEPARÁVEL

Nosso corpo está sempre alerta a qualquer situação de perigo e a qualquer coisa que ameace a sua segurança e a sua sobrevivência. O medo é o sistema de alarme do cérebro, disparado por movimentos ou sons repetitivos.

Existe uma parte do cérebro, a amígdala cerebral, que monitora as informações do nosso sentido em busca de sinais de perigo. De muitas maneiras, a amígdala cerebral funciona como um detector de fumaça. Ela pode ficar inativa por longo período de tempo, mas quando há uma situação de perigo ela soa o alarme.

Quando você está com medo, seu corpo pode apresentar duas respostas: pavor e ansiedade. Todas as vezes que você vivencia situações reais, você sente pavor, e todas as vezes que você imagina situações de medo, você sente ansiedade. Lembra da frase de Franklin Roosevelt? "Ser ansioso é como se estivesse sendo perseguido por um tigre imaginário constantemente, e essa sensação de estar em perigo nunca vai embora". Se ele estivesse sendo perseguido por um tigre de verdade, ele não teria ansiedade, e sim pavor.

A ansiedade pode ocorrer quando você é incapaz de confirmar se uma ameaça é falsa ou real e na sua imaginação começa a passar os piores casos, ou seja, quando se trata do desconhecido, o cérebro fica ansioso.

Quando a amígdala cerebral soa o alarme do medo, o cérebro libera a adrenalina e conduz sangue para seus músculos, a fim de alimentar a chamada "reação de luta e fuga". Há algumas reações que o organismo apresenta em uma situação de perigo, quando falamos de ansiedade e medo. Elas podem se manifestar de três maneiras: lutar, fugir e congelar.

▶ **Lutar** = É uma reposta agressiva. Na maioria das vezes, ao tentar lutar contra o medo, você se expressa com palavrões e xingamentos.

▶ **Fugir** = É normal se assustar com a situação e fugir.

▶ **Congelar** = No primeiro momento pode parecer fraqueza, uma incapacidade de reagir a uma situação assustadora, mas na verdade é uma técnica de sobrevivência que ajuda você a passar desapercebido pelos predadores.

A fisiologia do medo

Toda e qualquer emoção tem uma representação no cérebro que é mediada por neurotransmissores, entre eles a noradrenalina, a serotonina e a dopamina.

A fisiologia do medo se inicia nas amígdalas, que têm o formato de uma noz e ficam próximas à região das têmporas. Elas identificam uma situação ou objeto do qual se deve tomar cuidado e enviam ao hipotálamo o sinal para a produção dos neurotransmissores. A partir daí, começam as reações no organismo que nos deixam em estado de alerta para agir, enfrentando ou fugindo da situação. As amígdalas estão presentes na maioria dos animais. São elas, por exemplo, que fazem com que um cervo reconheça o perigo e fuja de seu predador.

O que diferencia o homem dos outros animais é que ele é o único ser capaz de ter medo do medo. Isso acontece porque o homem é o único animal que consegue imaginar. E por sermos os únicos a imaginar, é que temos tanta ansiedade. O que determina o nosso modo de agir não é a realidade existente, mas aquilo em que cremos e que, para você, é a verdade.

"A única coisa a se temer é o medo. O medo atrai exatamente tudo o que não queremos. O medo é uma emoção muito forte e sua energia, ligada à imagem daquilo que se teme, cria todas as circunstâncias para que aconteça exatamente aquilo que não desejamos."

Franklin Roosevelt, presidente dos Estados Unidos da América por 12 anos

O PODER DA IMAGINAÇÃO

O poder da imaginação é mais forte do que a vontade. A imaginação pode nos levar a distorcer a realidade e pode causar, até mesmo, alucinações.

Tudo o que você pensa com clareza e firmeza transplanta-se dentro dos limites do bom senso para a faixa somática. Ao imaginar que você está comendo uma fatia gostosa de abacaxi, é comum que as glândulas salivares comecem a segregar saliva. Já reparou nisso? Quantas vezes, só de imaginar as nossas comidas preferidas, conseguimos sentir o seu gosto ou seu aroma. Sendo assim, se imaginarmos com firmeza que não podemos ou não conseguiremos realizar algo, com certeza não poderemos mesmo.

Nosso consciente é constantemente influenciado pelo subconsciente para o sucesso, mas, da mesma forma, podemos programá-lo para o fracasso. Quando a razão e a imaginação têm pontos de vista diferentes, a imaginação sempre vence. O poder da imaginação é tão forte que Albert Einstein afirmou que "a imaginação é mais importante do que o conhecimento."

Einstein fez essa afirmação consciente de que os caminhos da mente acionam o campo quântico de infinitas possibilidades. Você imagina porque crê em algo, com isso, todos os seus pensamentos serão voltados para aquilo que você acredita naquele momento. O campo magnético está sorvendo os seus pensamentos e crenças como ordens implacáveis. Einstein vai além: ele explora a ideia de que este nível quântico seja a porta para Deus, pois há um encontro com o divino e o poderoso assumido por nossas crenças e pensamentos.

Lembre-se que cada problema, seja ele físico ou mental, resulta de um conceito mal formulado. Reformule o conceito e resolverá o problema. Não há mistério nisso. Acredite, determine e conseguirá.

O HOMEM DAS CAVERNAS

O homem primitivo com certeza vivenciou um cotidiano muito mais estressante em relação ao que vivemos hoje na sociedade contemporânea. Ele precisava afugentar os animais predadores com fogueiras e se armar de flechas para sua própria defesa. Ainda sentia o medo de ficar doente, de não conseguir o seu próprio alimento ou de morrer por frio extremo.

Preocupar-se com esses eventos mantinha o corpo em alerta: mais tenso, com a pressão elevada e com um maior bombeamento de sangue. Se o perigo se concretizasse, o corpo estaria pronto para reagir. Se não, o sistema era desligado. Esse esquema ficou gravado no cérebro e ainda hoje ele opera sobre a suposição incorreta de que toda situação de medo que enfrentamos é uma questão de vida ou morte. Como resultado, o cérebro tende a reagir exageradamente em situações triviais que não ameaçam a vida, fazendo com que você experimente ansiedade indevida.

Hoje em dia, nós estamos constantemente sujeitos ao estresse decorrente do estilo de vida contemporâneo, competitividade profissional, frustrações amorosas, opiniões políticas ou religiosas, violência urbana, constrangimento ético, barulho, pressão social, doenças físicas, desafios intelectuais. Não existe mais o animal feroz. O ser humano moderno coloca-se em posição de perigo diante de um inimigo abstrato e impalpável.

Está em suas mãos: você pode parar de ler o livro agora e continuar a pensar "eu sou assim mesmo, não vou mudar mais, sempre fui assim" ou pode escolher absorver todo este conhecimento e fazer uso dele para melhorar sua vida.

Saiba que é possível mudar, independentemente da idade. Basta querer. Se for para viver se queixando e não fazer nada, sugiro que você pare de ler este livro. Porque ter acesso ao conhecimento de como melhorar sua vida e mesmo assim não fazer nada é como se matar aos poucos. Pense nisso! Eu quero te ajudar e, por isso, te espero na próxima página.

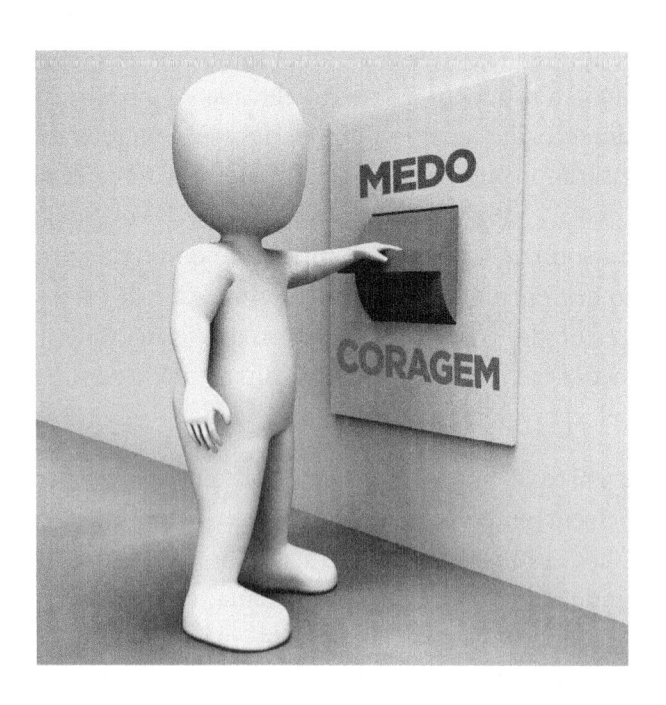

CAPÍTULO 6
O MÉTODO BUSQUE AUTOCONHECIMENTO

APRENDA A CONTROLAR SUAS EMOÇÕES

Imagine como seria sua vida se você aprendesse a administrar suas emoções? Se você aprendesse a deixar de vez o passado e vivesse somente o presente? Parasse de sofrer por antecipação e se tornasse uma pessoa mais positiva. O que você acharia disso? Parece difícil, não é? Saiba que eu criei uma abordagem terapêutica, a Busque Autoconhecimento, que de uma maneira fácil, rápida e prática, te ajuda no processo da mudança.

Por ser uma terapia breve, ela possibilita mudanças comportamentais, aumento das capacidades pessoais e harmonia emocional em um curto espaço de tempo. Possibilitando a associação de diversas técnicas (como hipnose, controle mental, relaxamento, meditação, visualização, programação neuroliguística, coaching, regressão, entre outros), trabalhando o corpo espiritual, mental, emocional e físico como um conjunto de partes integradas.

É um método de autoconhecimento que visa ajudar as pessoas a responder mais adequadamente aos seus comportamentos e emoções, tomando consciência e saindo do estado de aceleração mental em que elas se encontram. Basta que elas sigam o método e queiram mudar: só assim a mudança acontece.

A IMPORTÂNCIA DOS MANTRAS

Peço para os meus pacientes repetirem os seguintes mantras diversas vezes ao dia:

"Todos os dias, sobre todos os pontos de vista, eu vou cada vez melhor"

"Amor, Aceitação, Perdão"

"Todas as vezes que pensar ou falar algo negativo, pense em duas coisas positivas"

Eu explico que estas frases não exigem nenhum esforço, é preciso apenas repetir várias vezes ao dia e acreditar que tudo vai dar certo.

O autor Émile Coué, o pai da autossugestão, dizia que era preciso repetir a primeira frase vinte vezes a acordar e outras vinte vezes um pouco antes de dormir. Eu prefiro deixar meus pacientes mais livres, sem impor uma quantidade específica, mas recomendo que eles repitam o máximo possível. Também indico que eles escrevam a frase em locais que costumam frequentar, para lembrar dela quando ver. E não é preciso repitir em voz alta, pode ser só mentalmente.

A mesma coisa se aplica para repetir a segunda frase: amor, aceitação e perdão. Não é preciso pensar em nenhuma situação em particular. Apenas tenha a noção que este amor, esta aceitação e este perdão se referem a você, a pessoa mais importante da sua vida.

1) "Todos os dias, sobre todos os pontos de vista, eu vou cada vez melhor": Emile Coué dizia "todos dos dias, sob todos os pontos de vista, eu vou cada vez melhor". Eu recomendo esta frase para todas as pessoas que eu atendo. De tanto você repetir esta afirmação, ela se transformará em uma crença que se refletirá em novas atitudes. Muito simples, não? Mas tenha certeza, ela funciona. Como as palavras "sob todos os pontos de vista" abrangem tudo, é desnecessário fazer qualquer autossugestão para casos específicos. Repita este mantra várias vezes, acreditando realmente que a sua vida está mudando, que ela está cada dia melhor e, em menos de 15 dias, tudo irá melhorar.

2) "Amor, Aceitação, Perdão": Quando conseguir se manter de pé baseado neste tripé, aí sim sua vida se tornará plena e feliz. Só que enquanto tivermos sentimentos de raiva, ódio e rancor dentro de nós, não vamos a lugar algum, só ficaremos remoendo estes sentimentos. E como mudamos isso?

▶ **Amor:** Amando-se em primeiro lugar, aprendendo a se amar incondicionalmente e se tornando seu melhor amigo. Como disse Aristóteles em sua teoria Revolução da Alma, escrita no ano 360 A.C., "você é reflexo do que pensas diariamente. Pare de pensar mal de você mesmo e seja seu melhor amigo sempre".

Veja só há quanto tempo se fala nisso. Quanto tempo você ainda precisa para entender que só assim conseguirá sair dessa situação? Seja seu amigo, tenha amor, carinho e admiração por você.

▶ **Aceite tudo em você:** quem você é, sua aparência, o que você tem, o que você fez e o que você não fez, e, principalmente, o que você não pode mudar. A maioria das pessoas tem dificuldade de aceitar as situações porque acredita que aceitar é igual a ser submissa. E não é isso.

Aceitar é olhar a situação com outros olhos, por todos os ângulos. Sem ansiedade, sem irritação, sem culpa. Entenda que tudo o que ocorreu em sua vida já passou, ficou para trás. Por isso, ficar pensando "se eu tivesse feito isso" ou "se eu fizesse dessa maneira com certeza seria feliz" não irá mudar nada, você não conseguirá outro resultado. Você não tem o poder de mudar o que já passou, então deixe isso para trás e viva o agora.

▶ **Perdão:** este sim é o grande segredo. Para estar bem com você e com os outros, é preciso perdoar. O perdão resolve tudo.

A maioria dos meus pacientes diz não guardar rancor e mágoas. Mas, com mais de 30 anos de experiência na área, eu afirmo que todos nós guardamos. Por isso criei o método terapêutico Busque Autoconhecimento, em que faço uma regressão até o útero, limpando tudo.

Eu mesma vivia essa situação. E as mudanças só começaram a surgir quando fiz a regressão e me livrei dos sentimentos negativos. Parei de me comparar com as outras pessoas e de reclamar da minha vida.

Enquanto nós continuarmos culpamos as outras pessoas por nossos fracassos, não vamos conseguir nada. Temos que admitir que somos 100% responsáveis por tudo o que nos acontece.

3) "Todas as vezes que pensar ou falar algo negativo, pense em duas coisas positivas": "Quando pensar em algo negativo, logo na sequência pense em duas coisas positivas". Todas as pessoas com a mente acelerada, são pessoas negativas. O engraçado é que as pessoas não percebem isso. Quando eu atendo alguém pela primeira vez e falo isso, é comum que a pessoa responda que não é o caso dela, que ela é alegre e feliz. Todo ansioso é negativo e não acredita nele mesmo. Por isso, quer estar sempre no controle de todas as situações porque não confia nele e nem em ninguém.

De hoje em diante, todas as vezes que você falar ou pensar em algo negativo, não fique bravo. Apenas fale duas coisas positivas referentes ao assunto. Por exemplo: está chovendo e seu marido está atrasado. Se você pensar que ele sofreu um acidente, não tem problema. Apenas pense que, por causa da chuva, o trânsito fica mais intenso e, por isso que ele está demorando, mas logo estará em casa com você. Dessa maneira você começa a mostrar para a sua mente que você tem a intenção de mudar, parando de pensar em coisas negativas, rebatendo a negatividade com positividade. Aos poucos você para de falar coisas negativas e se torna uma pessoa positiva. Para isso basta treinar. Eu tenho essa frase no meu mural e a repito sempre que preciso.

O pensamento positivo pode vir naturalmente para alguns, mas também pode ser cultivado e aprendido. Mude seus pensamentos e você mudará sua vida. E mudará mesmo.

A IMPORTÂNCIA DO PASSADO, DO PRESENTE E DO FUTURO

▶ **Passado:** Ele serve de experiência para aprendermos com ele, sejam situações negativas ou positivas. Faça poucas visitas ao passado e viva o presente.

Quando as pessoas focam muito no passado, buscando as lembranças, se tornam rancorosas e a sua mente entende que você deseja situações parecidas no presente. E quando você menos espera, as velhas situações aparecem. Só muda os nomes, mas as situações são sempre as mesmas, com comportamentos repetitivos. Só que quem está procurando estas situações é você. É preciso romper este ciclo, deixando o passado no lugar dele. Lembre-se que nada do que você possa fazer irá mudar o passado, então aceite-o de uma vez por todas e comece a viver o presente.

▶ **Presente:** É no presente que realizamos nossa vida, que pensamos, planejamos e enxergamos todas as mudanças. Vivendo o presente, se amando, se aceitando e acreditando em você, sua vida se torna bem melhor e, com certeza, seu futuro estará garantido.

▶ **Futuro:** O ansioso pensa sempre no futuro e o seu futuro é negro, porque ele se coloca sempre em último lugar. Por isso, pare de pensar no futuro e pense no presente. Todas as vezes que pensar no futuro, volte para o presente.

Daqui para frente, quando pensar no passado, pare e volte para o presente. Quando pensar no futuro, faça a mesma coisa: volte para o presente. Assim você consegue construir um futuro.

APRENDA A RELAXAR

Se a pessoa está acelerada, ansiosa ou estimulada, com certeza ela não dorme direito. Até hoje eu nunca atendi alguém que dormisse bem. Parece um absurdo, não é? Quando eu digo isso, ninguém acredita. Mas é a verdade é que aqueles que dormiam a noite inteira, reclamavam que acordavam cansados. Já outros só conseguiam dormir a base de remédios.

Por isso, indico a todos os meus pacientes que façam o relaxamento. Com ele, a pessoa passa a dormir todas as noites e, o que é melhor, começa a acordar no dia seguinte com mais disposição.

Além de deixá-lo mais leve, esse relaxamento foi feito para limpar e dissolver todos os incômodos do seu corpo e da sua mente e é ótimo para retirar o cansaço do dia a dia.

CAPÍTULO 7

CONHEÇA DEZ ATITUDES POSITIVAS QUE MUDARÃO SUA VIDA

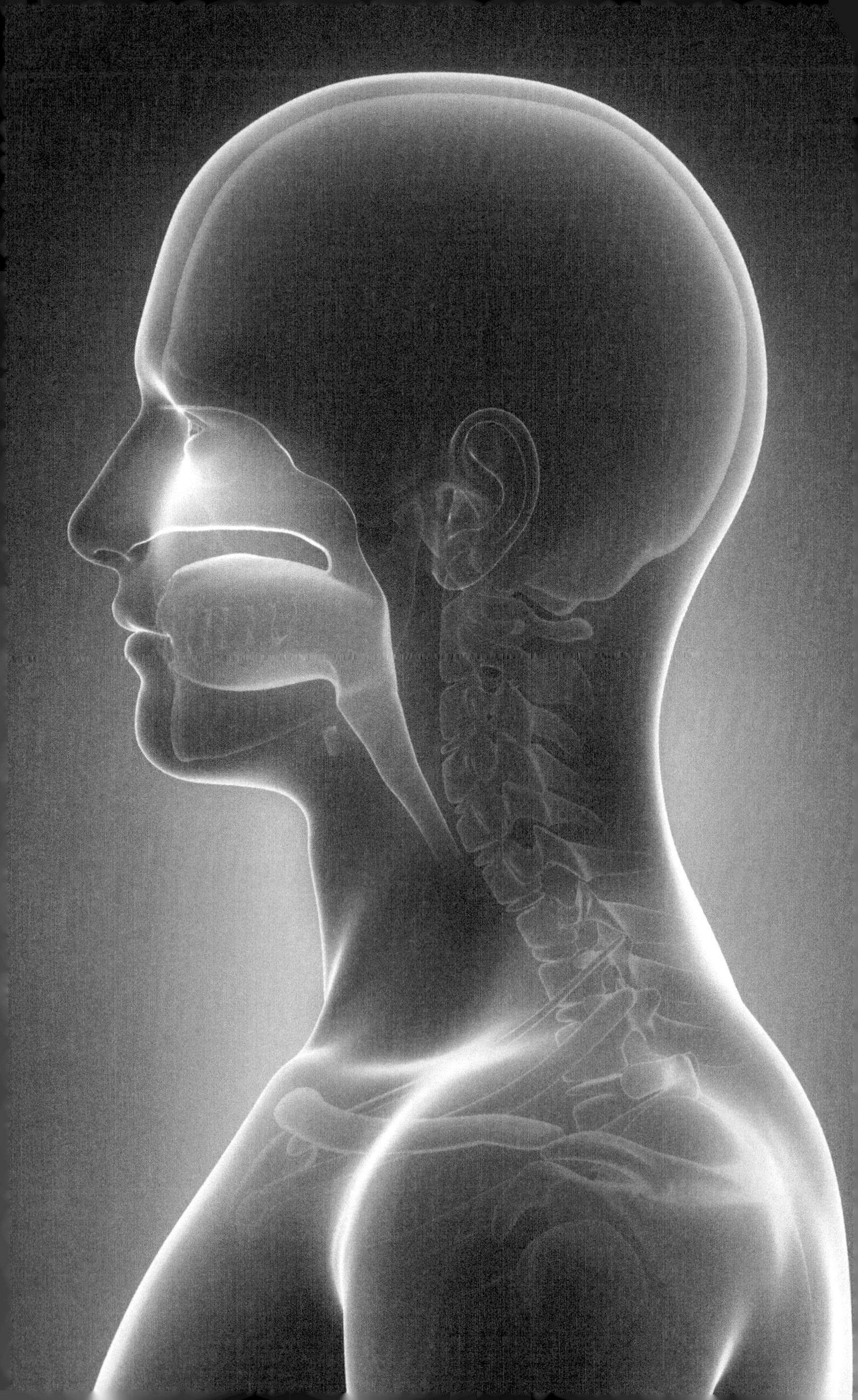

#1 Respiração

Nossas emoções estão sempre conectadas a padrões respiratórios. Se você observar uma pessoa com ansiedade, uma pessoa deprimida e alguém que esteja feliz verá que elas apresentam processos respiratórios bem distintos, porque nossos pensamentos e sentimentos estão interligados à nossa respiração e a outras atividades do nosso corpo por meio dos processos cerebrais.

Como a respiração é um processo natural, que acontece de forma involuntária do nosso nascimento até a nossa morte, a maioria dos seres humanos acaba não dando a devida importância ao ato de respirar.

PAUSA PARA RESPIRAR

Estudos de importantes centros de pesquisa em todo o mundo começam a medir o que já se sabia empiricamente: a prática cotidiana de exercícios respiratórios tem impacto positivo na nossa saúde e nosso bem-estar, além de auxiliar no tratamento de diversas doenças. A revista *Veja* publicou uma reportagem bastante esclarecedora sobre este assunto:

"Essa relação é conhecida empiricamente há milênios pela medicina oriental, mas só recentemente começou a ganhar status de assunto sério nos principais centros de pesquisa do mundo. Os resultados são animadores. A respiração controlada, em diversas modalidades, revela-se coadjuvante eficiente no tratamento de transtornos de ansiedade, de hipertensão e até de dores crônicas, em alguns casos permitindo reduzir expressivamente as doses de remédio." (Trecho publicado na reportagem Pausa para respirar, da edição 2142 da revista *Veja*, de 05 de dezembro de 2009.)

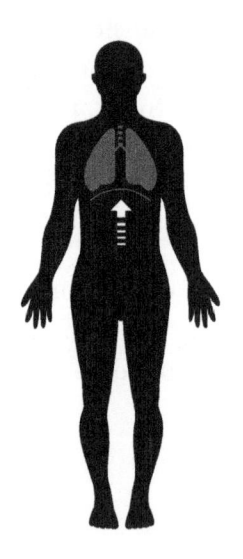

1. A RESPIRAÇÃO LENTA E PROFUNDA utiliza menos de 10 inspirações e expirações por minuto – metade do ritmo de um adulto saudável, que, no mesmo intervalo de tempo, respira de 16 a 20 vezes. Ela aciona predominantemente o diafragma, como fazem os bebês, que expandem o abdômen, e não o tórax, ao respirar. Com isso aumenta-se em 30% a capacidade do pulmão de receber ar.

2. SEU EFEITO POSITIVO NO CÉREBRO: Reduz a atividade da amígdala cerebral, estrutura no cérebro que comanda as reações a situações de perigo e estresse. Quando acionada, a amígdala desencadeia um sistema de defesa que se traduz em sintomas como taquicardia, sudorese e sensação de falta de ar. Ao se alterar o ritmo da respiração, ela envia uma mensagem tranquilizadora ao cérebro, contribuindo para o restabelecimento do equilíbrio.

3. SUA EFICÁCIA NA CURA DE DOENÇAS: Exercícios diários, em períodos de pelo menos quinze minutos, funcionam como coadjuvantes nos tratamentos de distúrbios, como hipertensão arterial. Veja alguns resultados:

▶ **Ansiedade:** Atinge 10% da população mundial. Resultado: pesquisas conduzidas pelo Laboratório de Pânico e Respiração da UFRJ mostram que, em seis meses, 70% dos pacientes reduziram em até 60% a dose de antidepressivos e ansiolíticos.

▶ **Hipertensão:** Atinge 20% da população adulta mundial. Resultado: estudos de universidades europeias, americanas e israelenses com 507 hipertensos em tratamento médico mostraram que com os exercícios respiratórios houve redução média de 1 ponto na pressão arterial em oito semanas. Em 10% das reduções, a pressão normalizou-se, caindo de 15 por 9 para 12 por 8.

▶ **Dor crônica:** Atinge 30% da população mundial Resultado: as universidades de Stanford e da Califórnia utilizam os exercícios em seus centros de gerenciamento de dores crônicas. Ainda não há estatísticas, mas já se registraram reduções na quantidade de analgésicos consumidos pelos pacientes

---

Fontes: Universidade Federeal do Rio de Janeiro, Universidade de São Paulo, Universidade de Stanford, Universidade da Califórnia, Organização Mundial da Saude e Dr. Geraldo Possendoro/Unifesp

Eu pratico e recomendo essa respiração há muitos anos, porque ela realmente tem a capacidade de controlar o corpo e a mente. Praticar uma respiração longa e profunda, somente pelo nariz, é essencial para dominar os estados emocionais e recuperar a calma. Ela deve ser repetida todos os dias até que o organismo memorize este processo e torne o ato como algo natural.

Os yogues sabem de tudo isso há 3 mil anos. É estranho pensar que, para muitas pessoas, aquilo que é natural acaba soando artificial e pouco confiável. Muita gente acredita que é mais fácil comprar um remédio do que simplesmente aprender a respirar melhor.

#2 Acabe com a Hiperventilação

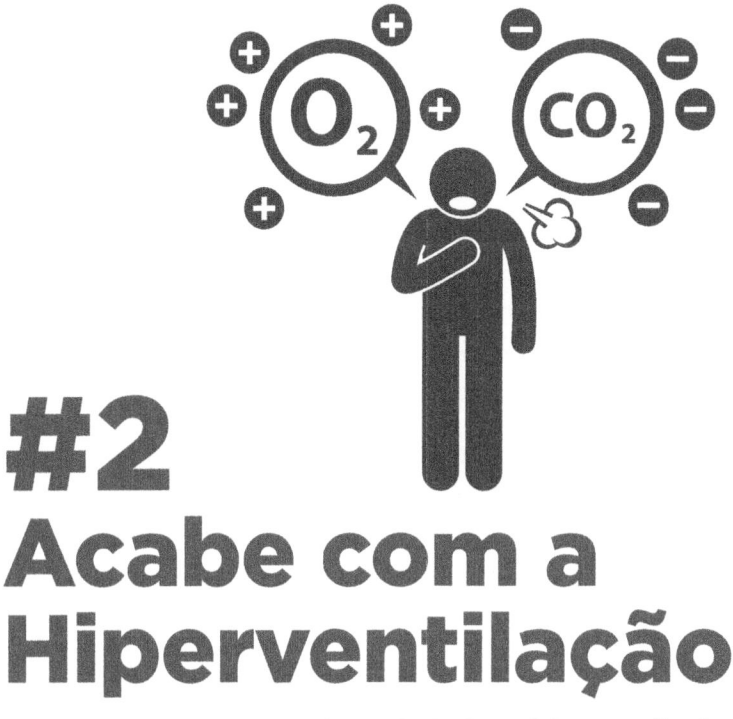

Para abortar um ataque de ansiedade e a hiperventilação, recorra a um simples saco de papel. Na medida que é novamente inspirado o ar no saco de papel, ele se torna mais rico em dióxido de carbono e mais pobre em oxigênio, reestabelecendo um equilíbrio normal. Os músculos do seu corpo relaxam e assim a hiperventilação e as sensações desagradáveis desaparecem.

▶ **1º Passo:** Assim que você perceber que está ficando mais ansiosa e que sua respiração está alterada, comece a respirar pelo nariz. Perceba a tensão dos músculos, vá respirando pelo nariz e relaxando o seu corpo. No CD você vai aprender a fazer a respiração correta e a prestar atenção ao seu corpo, percebendo cada mudança física e mental.

▶ **2º Passo:** Se você não percebeu logo no começo e já estiver com a respiração muito acelerada e hiperventilando, não adianta tentar respirar pelo nariz e muito menos relaxar os músculos. Você não conseguirá, pois estará inquieto. É perda de tempo.

▶ **3º Passo:** Vá direto para o saco de papel. Coloque-o sobre o nariz e a boca e respire somente pela boca. Procure respirar devagar, sem pressa, até se sentir melhor. Em pouco tempo a sua respiração ficará normal e os músculos do seu corpo ficarão relaxados.

▶ **4º Passo:** Aí sim, faça a respiração nasal até se sentir calmo. Aprendendo esse processo você nunca mais terá um ataque de ansiedade, pois aprenderá a controlar as reações do seu corpo e, o melhor, sem necessidade de se tomar nenhum remédio.

SACO DE PAPEL

Compre vários sacos de papel pardo (sacos de pastel ou pão) e deixe-os espalhados pela sua casa, no seu trabalho, no seu carro e em todos os lugares que você costuma estar. Não esqueça de colocar na carteira e na bolsa.

Com o tempo, você irá aprender a perceber as sensações do seu corpo. Por isso, é bem provável que você não espere chegar a hiperventilação, já consiga resolver bem antes, com a respiração nasal. Mas é sempre bom prevenir, pois quem já teve um ataque desses sabe o quanto é difícil esta experiência.

Comece agora mesmo a diminuir o seu ritmo e a desacelerar a sua respiração. Eu tenho certeza que, só com a respiração nasal que eu ensino, você vai se sentir muito melhor.

#3 Dormir

Para ter uma boa noite de sono, as vezes é preciso mudar hábitos, atitudes e crenças. Dormir e acordar bem disposto é essencial para ter qualidade de vida e uma boa saúde. Uma boa noite de sono fortalece o sistema imunológico e preserva o metabolismo, diminuindo o risco de desenvolver problemas como obesidade e diabetes.

Uma das melhores coisas que você pode fazer pela sua saúde é estabelecer uma rotina que o ajude a dormir mais fácil. Estes simples cuidados irão te ajudar a dormir melhor:

▶ Mantenha o quarto o mais silencioso e escuro possível.

▶ Evite o uso de café, cafeína ou mate pouco antes de dormir, pois elas agem no sangue por até oito horas. Cuidado: os cafezinhos do fim da tarde podem atrapalhar muito o sono da madrugada.

▶ Evite deitar com fome: um lanche leve pode ajudar.

▶ Não consuma bebidas alcóolicas antes de ir para a cama, pois, embora elas pareçam induzir o sono, a qualidade não é satisfatória. Elas provocam um repouso fragmentado e de má qualidade. Além disso, suprimem a fase REM, a fase dos sonhos, tornando o sono incompleto. O consumo de álcool também pode piorar a apneia.

▶ Se possível, deite e acorde sempre no mesmo horário, criando assim uma regularidade.

▶ Fazer atividades físicas é muito importante, mas o corpo leva pelo menos três horas para desacelerar após exercícios pesados. Calcule os horários dos seus treinos de modo a não interferir no seu sono.

▶ Desligue a TV, o computador e deixe o celular no modo avião. Dormir com a TV ligada faz com que a qualidade do seu sono seja ruim, pois a luminosidade e o som da TV causam microdespertares que tornam o sono mais superficial e menos reparador. Desligue a televisão trinta minutos antes de dormir. Procure fazer o relaxamento, colocando o seu celular no modo avião, assim você irá dormir a noite inteira, acordando no dia seguinte com muita disposição.

#4
Reduza o ritmo

Experiemente passar um dia inteiro sem usar o celular. Se for muito difícil, comece desligando-o na hora das refeições e procure conversar com as pessoas.

Evite levar trabalho para casa e lembre-se sempre que se você não descansar, não terá energia suficiente para enfrentar o dia seguinte.

Ao chegar em casa desligue o tablet, computador e celular. Se for necessário ficar no computador, fique o mínimo possível.

"O homem supõe que controla os dispositivos incríveis que criou. Meu temor é que esteja acontecendo o contrário: todo esse aparato tecnológico é que está nos reprogramando."

Norman Doidge

#5
Tenha fé

A fé nos dá equilíbrio mental mesmo quando algo de ruim nos acontece. Todas as pessoas que têm uma religião ou acreditam em algo, são mais resistentes ao estresse e a depressão, porque mesmo que elas fiquem doentes, acabam se recuperando mais rápido, porque acreditam nelas mesmo.

Ter fé é acreditar que você consegue e que tem uma força que nada nem ninguém pode abalar. A fé nos mantém no prumo e no equilíbrio, é onde encontramos a calma para alcançarmos a felicidade. A fé é a própria força divina que existe em você.

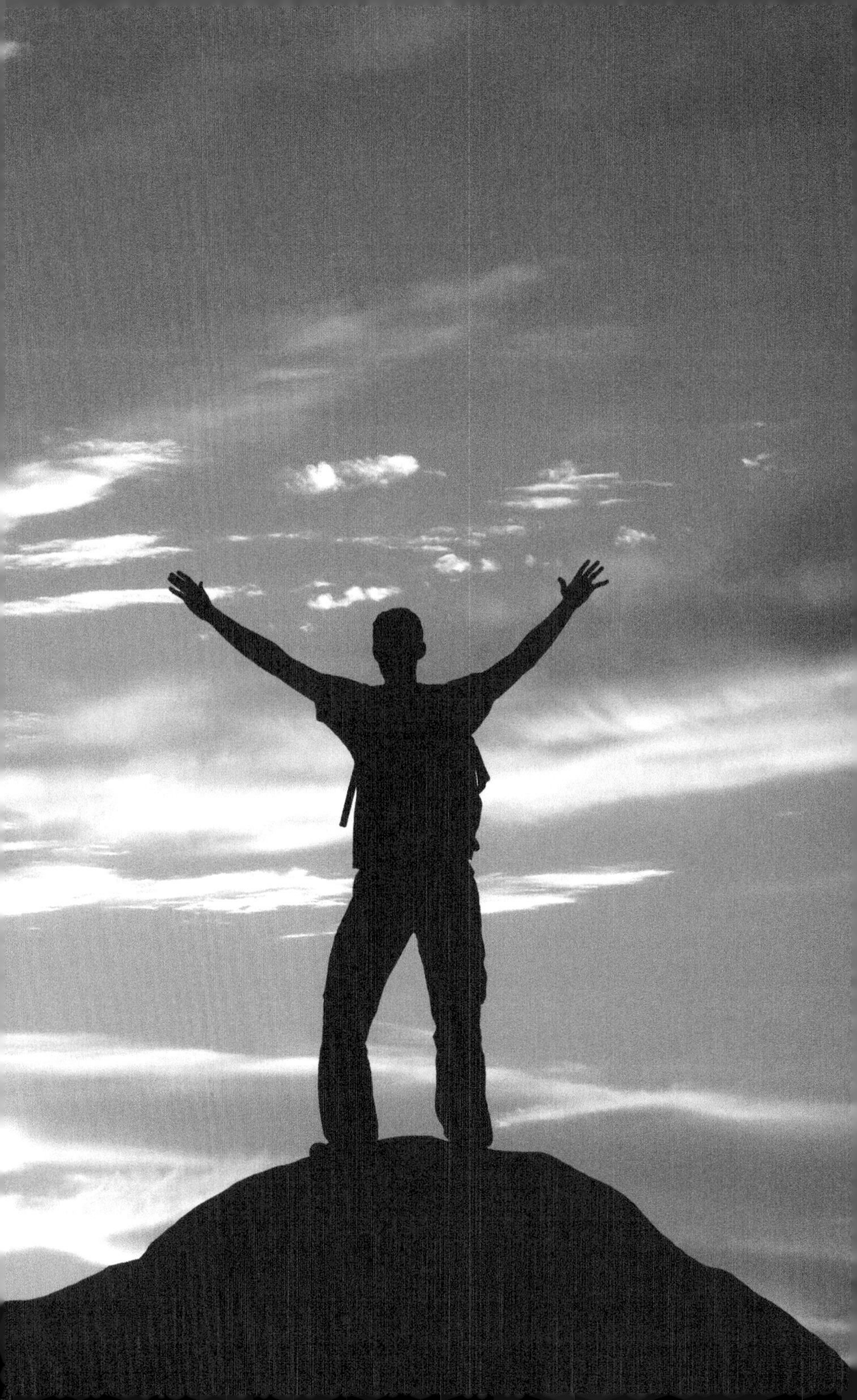

#6
Tenha um olhar mais contemplativo

Preste atenção para realmente enxergar o que está acontecendo ao seu redor. Às vezes, as coisas estão na nossa cara, mas nós não nos pertimimos enxergá-las. De repente, nós abrimos os olhos e nos deparamos com tudo a nossa frente, tudo que sempre esteve ali, mas que nunca tivemos tempo de olhar direito.

Por isso acredito que quando nos acalmamos, passamos a ver as coisas de outro jeito, aí nós a enxergamos como elas são de verdade. A rotina, a agitação, bloqueiam o nosso olhar; elas podem embaraçar nosso olhar, tirando todo o brilho. Precisamos parar de viver no automático. Por isso, te convido a sentar nesse banco para relaxar e começar a ver tudo com mais clareza.

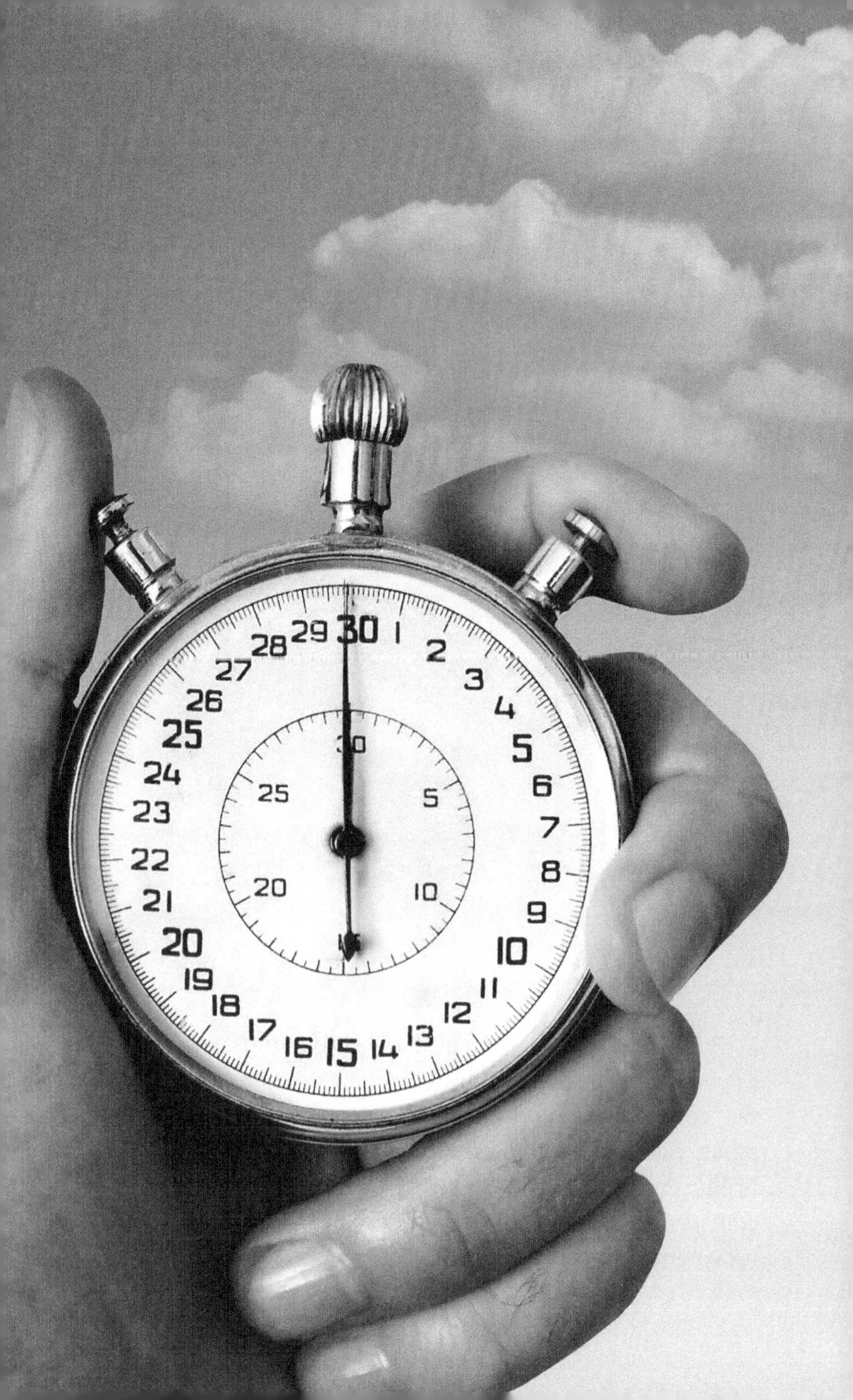

#7 Uma coisa de cada vez

Por mais que a vida agitada que nós vivemos atualmente nos leve a acreditar que podemos fazer várias coisas ao mesmo tempo, nosso cérebro só consegue se dedicar a uma coisa de cada vez.

Por isso, é preciso prestar atenção naquilo que você está fazendo. Tenha calma, concentre-se. É melhor demorar mais para fazer uma coisa por vez do que fazer várias coisas mal feitas de uma só vez.

#8 Pratique a meditação

O silêncio é a ausência de barulho e seu significado é paz, calma e tranquilidade. O silêncio surge para fazer parte da vida do homem moderno como uma necessidade inquestionável.

Mas o silêncio é muitas vezes confundido com a solidão, escuridão, isolamento e, por isso, o homem contemporâneo tem medo e desconforto com o silêncio, preferindo preencher a sua mente com os afazeres do dia e com as redes sociais, não sobrando nenhum tempo para ficar a sós consigo mesmo.

As pessoas que moram em grandes centro urbanos sabem muito bem o que é viver rodeado de barulho por todos os lados. Essa condição encontra-se incorporada ao seu modo de vida, influenciando as relações familiares, sociais e profissionais.

A terapia do silêncio é milenar e os orientais sabem muito bem dos seus benefícios, tanto que até hoje a meditação é muito difundida entre eles.

Ache um tempo para ficar com você. Comece a meditar todos os dias, no começo pode parecer difícil. Pratique, seja paciente, insista, com a repetição, você irá alcançar camadas mais profundas, cada vez mais até alcançar o nível de paz interior e tranquilidade. Onde acontece a mudança e a transformação.

"Penso noventa e nove vezes e nada descubro; deixo de pensar, mergulho em profundo silêncio e eis que a verdade se me revela."

Albert Einstein

#9
Autoconhecimento

Muitas pessoas têm medo de se expor, de mostrar realmente como elas são e não serem aceitas pelos outros, não parecem boas o bastante.

Cada vez mais o julgamento do outro pesa mais do que sua relação com a verdade e com você mesmo. Para ser politicamente correto, a maioria se cala ou simplesmente dá um sorriso, e com isso não se compromete e nem sofre nenhuma rejeição. Só que, no fundo, você engana a única pessoa que não poderia e que não merecia ser enganada: você.

Aos poucos começa a surgir uma cobrança interior, uma insatisfação pessoal e um vazio que muitas vezes se torna difícil de ser preenchido. Pense nisso!

101

#10 Escolhas

Todos nós temos um anjinho e um diabinho dentro de nós e, muitas vezes, deixamos que o diabo se manifeste muito mais.

Independentemente se é algo positivo ou negativo, o que você deve se lembrar é que tudo o que você der atenção, acaba crescendo. Por isso, faça sua escolha sem se esquecer das consequências da mesma.

    Lembre-se do mantra "um negativo, dois positivos". Ele é uma grande ajuda caso você queira realmente mudar e sair desse ciclo. Policie-se para não cair a todo momento nas mesmas armadilhas.

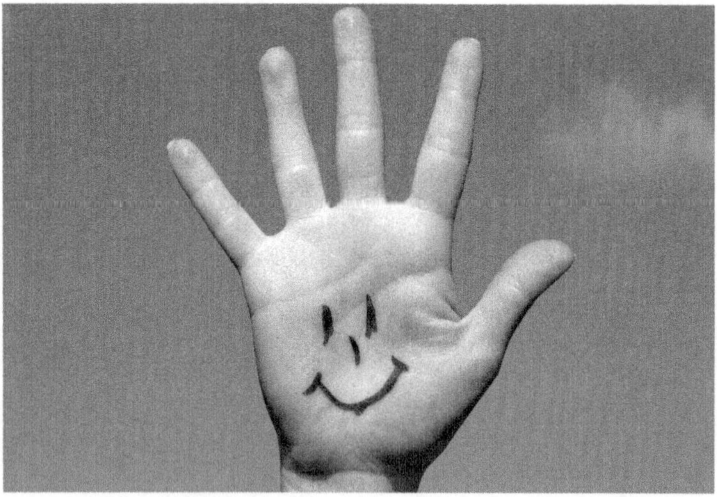

CAPÍTULO 8
ACREDITE EM VOCÊ

OLHE PARA DENTRO DE VOCÊ

Muitas vezes você deve ter se perguntado: por que algumas pessoas são tristes e outras estão sempre alegres? Por que algumas têm sucesso na vida e outras só conhecem o fracasso? Por que um homem é tímido e inseguro enquanto o outro é cheio de fé, determinado e confiante? Por que tantas pessoas boas e religiosas sofrem tanto?

Ao olhar ao seu redor, você verá pessoas que começaram como simples empregados e hoje melhoraram de vida, e outros que continuam no mesmo lugar. Você verá pessoas que se casaram e estão ainda mais felizes, e outras cujo casamento se tornou um inferno. Continue olhando e verá pessoas que conseguiram se curar de doenças tidas como incuráveis e outras que nada puderam com a doença, ou que quase perderam a vida com enfermidades mais fracas. Outros sofrem de insônia e só vão pegar no sono de madrugada, à força de remédios, sendo que tantas outras pessoas só precisam cair na cama e já estão dormindo.

Você poderia ficar o dia inteiro se perguntando e mesmo assim ainda haveria muitas outras situações de conflito e diferenças na vida de cada um de nós. Algumas pessoas acreditam que o mundo foi dividido em duas partes: as pessoas de sorte e as de azar.

Nós somos os criadores de nossas realidades. O problema é que na maioria das vezes são os nossos pensamentos inconscientes que criam essa realidade. São programas executados sem a nossa consciência tomar conhecimento. Estes programas (condicionamentos) imprimem em nosso cérebro certos comportamentos, pensamentos e reações emocionais mecanizadas, como se fôssemos robotizados e programados para reagirmos sempre da mesma forma, mesmo que nos arrependamos do que fizemos, vamos repetir novamente o erro diante de uma emoção desregulada (veja o caso do ciúmes, do medo infundado, da ira desgovernada e da timidez desnecessária que levam as pessoas a permanecerem repetindo e se arrependendo da mesma atitude; são as pessoas que não percebem que agem da forma robotizada). Estas são aquelas pessoas que aceitam deixar a química os comandarem para agirem sempre da mesma maneira.

As emoções são experiências que o corpo armazena. Se uma pessoa está vivendo com as mesmas emoções todos os dias, é que nada de novo está acontecendo. O organismo acredita que está vivendo a mesma experiência ao longo do dia. A permanência da pessoa neste mesmo ciclo condiciona o corpo a ler o passado ao invés de ler o momento presente, e as pessoas, com seus pensamentos fixos, sempre retornam ao passado, porque é a ele que a emoção está ligada (veja o caso de pessoas que estão todos os dias com os mesmos problemas, seja de saúde, social ou financeiro).

Quando uma pessoa quer mudar e tenta pensar em um novo presente, suas emoções impregnadas por anos querem levá-la de volta ao passado. Quanto mais intensa a emoção associada ao acontecimento, mais intenso o registro ou memória emocional associada, podendo gerar trauma, influenciar na identidade de uma pessoa e em seus valores e crenças.

No processo de gravação de informações no cérebro, dois fatores são determinantes: o nível de intensidade emocional e as imagens associadas ao fato. Vamos supor o exemplo de uma criança tagarelando incansavelmente e insistentemente até que o pai perde a paciência e a repreende de forma irada.

A criança assimila um "cala a boca" associado a uma forte descarga emocional, onde a fisiologia alterada pela ira e a linguagem em tom de voz alterado do pai dão origem a uma imagem amplificada e distorcida da situação real. Naquele momento a criança passa a ver o pai como um monstro ou um carrasco que irá prejudicá-la.

Toda vez que essa criança se deparar com situações parecidas, instantaneamente surgirão ligações neurais gravando no cérebro da criança essa associação desagradável entre se expressar e a repreensão recebida, pois esta combinação deu origem a emoções de medo, raiva e tristeza. Esta referência emocional passará a ser determinante no comportamento da criança, levando-a a agir de forma a evitar o envolvimento em situações semelhantes pelo resto da vida, evitando assim aquele sentimento desagradável vindo da repreensão. Seu sistema de preservação inconsciente entra em ação, alterando a fisiologia e preparando a pessoa para fugir da situação.

Isto ocorre através da descarga de adrenalina no organismo, fazendo o coração pulsar e o sangue circular mais intensamente, tornando sua pele avermelhada, fazendo suas pernas ficarem bambas e a sua voz trêmula. Esta, não podendo fugir e queimar toda essa adrenalina, se lança de forma forçada a novamente se expor e novamente essa criança associa ao fato de se expor a um sentimento desagradável das emoções de medo da repreensão do professor e medo da reação dos colegas. Isto dá origem a uma imagem interior emotizada do insucesso que invariavelmente acaba ocorrendo.

Na próxima oportunidade que surgir na vida desta pessoa de se expor, novamente essas memórias do passado irão assombrá-la, gerando imagens internas emotizadas pelo medo, raiva, tristeza que infalivelmente irá levá-la ao fracasso.

E quantas vezes nos deparamos com comportamentos limitantes onde o medo de ambientes fechados leva pessoas a terem pavor de aviões ou elevadores, a terem síndrome do pânico em lugares altos ou um medo intenso de algum inseto. Esses comportamentos têm suas raízes em fatos e acontecimentos que marcaram com grande intensidade emocional esta pessoa.

Por isso é tão importante mudarmos o nosso estado emocional e começar a ter novas atitudes. A chave é mudar o estado emocional. Mas como?

A VIDA É FEITA DE ESCOLHAS

Nós podemos escolher entre nos lamentar com o que nos aconteceu ou transformar esses eventos negativos em um aprendizado e em algo para nos impulsionar a melhorar de vida.

Uma grande prova disto é a história de vida do meu consultor literário e grande amigo, James McSill. Certo dia, quando conversávamos sobre as pesquisas que eu estava fazendo para a elaboração deste livro, contei a James que, segundo uma pesquisa divulgada em março de 2015 pelo IBGE, o Rio Grande do Sul é o estado brasileiro que apresenta os maiores índices de ansiedade e depressão. Segundo a pesquisa, 7,6% dos adultos brasileiros já foram diagnosticados com depressão, o que equivale a 11 milhões de pessoas. E os estados que mais concentram adultos deprimidos ficam no Sul do país: o Rio Grande do Sul é o primeiro da lista. Lá, 13,2% das pessoas com 18 anos ou mais já foram diagnosticadas. Em seguida vêm Santa Catarina, com 12,9%, e Paraná, com 11,7%.

James então contou-me um pouco sobre sua história e me permitiu que a dividisse com vocês:

"Nasci em Pelotas, no interior do Rio Grande do Sul, e sou de uma família de imigrantes. Fui criado como um menino dos anos 1960/1970, mas com o diferencial de que a minha família fazia de tudo para que eu estudasse e fosse sempre o melhor da classe. Era inaceitável para os meus pais que eu não tirasse as melhores notas. Muitas vezes eu me pegava estudando desde as quatro horas da manhã para agradar os meus pais e maravilhar os professores. Creio que, embora um tanto dolorido, dentro de mim eu sentia que aquilo, um dia, iria me servir para alguma coisa. Na época, servia para que os meus pais se orgulhassem ao falar de mim para os amigos e aquilo já me bastava, ajudava-me a dormir. Como eu fui uma criança muito religiosa, honrar pai e mãe era uns dos mandamentos que eu achava mais bonito de cumprir, tinha uma recompensa imediata.

É normal que os imigrantes queiram que sua família tenha uma vida melhor do que aquele que eles deixaram para trás. E acho que esse espírito permanece enraizado até hoje entre as famílias descendentes. Por isso que cidades com grande número de imigrantes, como Caxias do Sul, Gramado e Canela, são tão prósperas, porque as famílias sentem uma necessidade de mostrar que elas merecem estar ali e que conquistaram uma vida melhor. Mas acredito que, quanto mais se espera de alguém, mais ansioso se fica. E isso faz com que as pessoas vivam sob uma enorme pressão".

James poderia passar a vida inteira se lamentando e reclamando que teve uma criação muito rígida e cheia de cobranças, mas não. Ele soube reverter este quadro. James é um homem extremamente inteligente, fala várias línguas, mora em Yorkshire, na Inglaterra, e é conhecido em todo o mundo graças a seu trabalho como consultor literário.

Lembre-se sempre: o que conta não é o que acontece, mas sim, como você interpreta e reage ao que aconteceu. Todos nós temos uma força interior muito poderosa, capaz de transformar nossas vidas para melhor. Basta querer. Vou dividir com vocês uma lenda hindu muito bonita, que fala sobre a força que existe dentro de cada um de nós.

A RESPOSTA ESTÁ DENTRO DE NÓS

De acordo com uma antiga lenda hindu, houve tempos em que todos os homens eram deuses, mas abusaram de tal forma de sua divindade que Brahma, O Criador, decidiu tirar-lhes todos os poderes divinos e escondê-los em um lugar onde jamais tornassem a encontrá-los. Mas a principal questão era: Onde esconder esses poderes?

Quando os deuses foram convocados para o concílio com o propósito de responder a essa questão, eles disseram: "Vamos enterrar a divindade dos homens no local mais profundo da Terra". Mas Brahma respondeu: "Não irá adiantar, porque o homem escavaria até as profundezas da Terra para encontrá-los". E os deuses responderam: "Então, vamos colocar a divindade no mais profundo dos oceanos". Mas Brahma replicou: "Também não irá adiantar. O homem vai aprender a mergulhar nas águas mais profundas, irá explorar a profundeza dos oceanos e assim irá encontrá-los".

Então os deuses disseram "vamos escondê-los no topo da mais alta montanha". Novamente Brahma replicou: "Não, o homem irá eventualmente escalar todas as mais altas montanhas da Terra. Certamente algum dia irá encontrá-los e apropriar-se novamente deles". Então, os deuses concluíram: "Nós não sabemos onde escondê-los, pois parece que não existe um lugar seguro na terra ou no mar onde o homem jamais os encontrasse."

Então, Brahma disse: "Eis o que faremos com a divindade do homem. Vamos escondê-la no mais profundo de si próprio, pois é o único lugar onde ele jamais pensará em procurar". Desde então, a lenda conclui, o homem irá para o mais alto e para o mais profundo da Terra, escalará, escavará, mergulhará, explorará, à procura de algo que sempre esteve dentro de si.

CAPÍTULO 9
COMO USAR O CD

FAÇA O RELAXAMENTO QUE ACOMPANHA ESTE LIVRO

O cd que acompanha este livro foi desenvolvido especialmente para administrar e reduzir os níveis de ansiedade no seu corpo. Tenho certeza que você terá uma experiência maravilhosa! O relaxamento incluído neste cd é um recurso muito valioso e, para que ele faça efeito, você precisa apenas escutá-lo. Com ele você irá conseguir reduzir as tensões do seu corpo e aprender a respirar cada vez melhor, além de ficar mais calmo e de conseguir pensar com mais clareza, impedindo que o medo tome conta de tudo.

Se possível, na primeira vez, escute o cd inteiro. Apenas coloque-o para tocar, respire pelo nariz e relaxe. Nas próximas vezes, não há necessidade de prestar atenção até o final. Você provavelmente irá relaxar tão profundamente que poderá dormir. Aproveite, ele só vai te fazer bem.

Escute-o quantas vezes quiser, no horário em que quiser. Logo nas primeiras vezes você já perceberá algumas mudanças positivas nos quatro níveis do seu corpo: espitirual, mental, emocional e físico. As mudanças surgirão dia a dia, trazendo paz e tranquilidade para a sua vida. Boa sorte!

*Tenho certeza que este livro irá ajudá-lo e gostaria muito de conhecer a sua história. Escreva para **myriam@myriamdurante.com.br** e quem sabe, no próximo livro, eu inclua seu depoimento.*

AGRADECIMENTOS

Eu sou uma mulher movida à paixões e as duas maiores paixões da minha vida são meu marido Marcelo e minha filha Stéphanie. Marcelo é minha alma gêmea. Casados há 27 anos, é com ele que quero passar o resto da minha vida. Stéphanie, tão especial e tão competente em tudo o que faz, é quem supervisiona todos os meus textos e artigos. Agradeço aos dois, que sempre dão total apoio aos meus projetos, compreendendo e suportando todos os meus questionamentos e inquietações com paciência e amor.

À Telma Motta Veras, tão paciente, minha fiel escudeira. Trabalha conosco há tantos anos e com tanta dedicação que já é parte da família. Ao bondoso pastor Francisco de Moura, que há 17 anos tenho o privilégio de recebê-lo em minha casa para um grupo de oração. Ele é um grande incentivador do meu trabalho e sempre acreditou no meu potencial.

A todos os meus pacientes, pela confiança em meu trabalho. A Sergio Mirshawka e Alexandre Mirshawka, da DVS Editora, por acreditarem em meus projetos e por darem vida a este livro.

E a James McSill, por sua generosidade em dividir sua história neste livro e por toda sua doçura e sabedoria.

CRÉDITOS DAS IMAGENS

Capítulo 1

(1) Rádio Band News FM - www.bandnewsfm.com.br; **(2)** Jornal da Cultura - http://tvcultura.com.br/programas/jornaldacultura/; **(3)** SBT - www.sbt.com.br; **(4)** e **(5)** Arquivo Pessoal; **(6)** Christine Langer-Pueschel/Shutterstock.

Capítulo 2

(1) Andrey_Popov/Shutterstock; **(2)** Presidente Franklin Delano Roosevelt; **(3)** Csehak Szabolcs/Shutterstock; **(4)** Lightspring/Shutterstock.

Capítulo 5

(3) Donskarpo/Shutterstock; **(4)** Stuart Miles/Shutterstock.

Capítulo 7

(1) Custom Media/Shutterstock; **(2)** Pichai Pakkalin/Shutterstock; **(3)**, **(4)** e **(5)** Leremy/Shutterstock; **(6)** Dean Bertoncelj/Shutterstock; **(7)** Eugenio Marongiu/Shutterstock; **(8)** ESOlex/Shutterstock; **(9)** Aceshot1/Shutterstock; **(10)** Studio 37/Shutterstock; **(11)** Avesun/Shutterstock; **(12)** Alphaspirit/Shutterstock; **(13)** Ra2studio/Shutterstock; **(14)** OlegD/Shutterstock.

Capítulo 8

(1) Irina Simkina/Shutterstock.

Série
SEJA SEU TERAPEUTA

A série irá abordar temas como: pânico, autoestima, detox digital, depressão, timidez, entre outros.

Todos destinados a ajudá-lo a ter uma vida melhor.

Consulte em nosso site.

DVS EDITORA

www.dvseditora.com.br